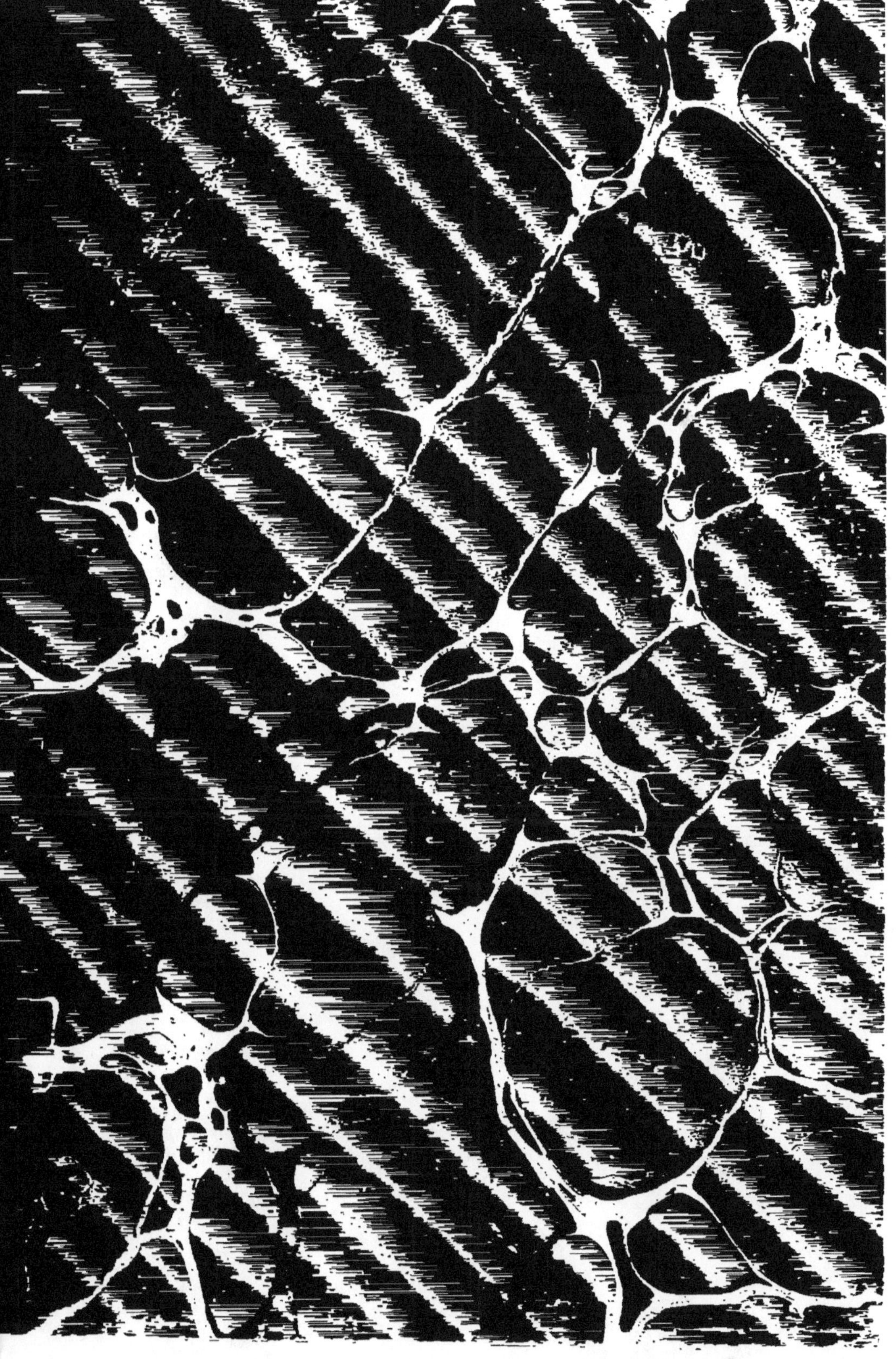

L'ART POETIQVE

DE

IEAN VAVQVELIN

Alençon. — E. DE BROISE, imp. et lith.

L'ART POETIQVE

DE

IEAN VAVQVELIN

SIEVR DE LA FRESNAYE (1536 - 1607)

PUBLIÉ PAR

ACH. GENTY

PARIS
LIBRAIRIE POULET-MALASSIS
97, rue Richelieu.

Et aux Bureaux de l'ÉCRIN DU BIBLIOPHILE
Rue de Seine-Saint-Germain, 21.

1862.

TIRÉ A 355 EXEMPLAIRES :

150 sur raisin.
145 sur vergé.
50 sur vélin.
10 sur chine.

INTRODUCTION

I

Dans l'ordre intellectuel, non plus que dans l'ordre physique, pas de *solutions de continuité*. Tout s'enchaîne, s'articule, s'adapte ou se juxtapose. — Les anneaux ne manquent jamais à la chaîne, les échelons à l'échelle. Si l'un d'eux n'est point aperçu, ce n'est pas qu'il soit absent ; c'est que notre œil, presbyte ou myope, ne peut atteindre là où il est. Ou nous allons au-delà, ou nous demeurons en-deçà.

De Ronsard à Malherbe, l'intervalle est immense. Grande solution de continuité. — Entre ces deux hommes, où sont les points de contact?

Malherbe peut-il *directement* procéder de Ronsard? La négative est évidente. Pour joindre ces deux hommes, il faut

*

un pont, un trait-d'union, un anneau. Quel sera cet anneau? Le voici..... C'est Vauquelin de la Fresnaye (1).

De Ronsard est né Vauquelin, et de celui-ci Malherbe.

II

Jeune homme, presque un enfant, à l'époque où régnaient la langue et la littérature de la Pléiade, Vauquelin adopte cette littérature et cette langue, ou plutôt elles s'imposent à lui. Les *Foresteries,* publiées en 1555, sont là pour attester le fait. En 1555, et même en 1567, date probable de la mise en lumière du discours *Pour la Monarchie contre la Diuision,* Vauquelin n'est qu'un poète, et un poète assez médiocre, du XVIe siècle. Impossible alors de prévoir son futur rôle, sa future influence sur la langue et la littérature du XVIIe.

Mais la langue de la Pléiade se modifie. Le « faste pédantesque » d'un grand nombre de ses mots tombe. Vauquelin subit encore ou accepte la révolution. Il le dit lui-même, et ses œuvres le proclament. Le poète des Idillies diffère du poète des *Foresteries.* Au fond, les deux œuvres émanent bien du même *homme,* mais du même homme avec un autre vêtement.

Ces deux transformations devaient être suivies d'une troisième. La plus importante.

(1) Il est certain qu'entre Ronsard et Malherbe, il y eut d'autres *hommes de transition.* Mais les autres, comme Bertaut, etc., exercèrent sur Malherbe une influence beaucoup moins accentuée.

La France est en feu. La guerre civile est partout, en haut et en bas. Les princes ne s'entendent pas mieux que les vassaux. On se harcelle, on se pille, on s'égorge. L'ambition, le fanatisme, tout ce que le cœur humain a de plaies secrètes, s'étale au jour. Vauquelin est témoin des scènes qui désolent son pays; quelquefois il y est acteur. — En faut-il davantage pour métamorphoser un homme, une langue, une nation? En faut-il davantage pour chasser d'un cerveau bien conformé les vapeurs et les rêves qui l'offusquaient, pour lui rendre la conscience de la vie courante, en un mot, pour le réintégrer dans le monde réel, un instant ou longtemps déserté?

Vauquelin rentre dans ce monde de la réalité, — autant qu'il y pouvait rentrer, lui, poète. Il y rentre, en écrivant l'*Art poëtique,* en écrivant ses *Satires*. La langue qu'il parle ne ressemble plus ni à l'une ni à l'autre de celles qu'il a antérieurement parlées. Il n'a pas, sans doute, entièrement rompu avec le XVIe siècle, mais, on peut l'affirmer, il tient maintenant beaucoup plus des écrivains du siècle qui s'avance que de ceux du siècle qui s'en va.

Sa langue est simple; sa pensée forte.

Malherbe peut venir. L'instrument dont il a besoin, est inventé. Il le reçoit des mains mêmes de l'inventeur (1). Qu'il le perfectionne!... On sait s'il y a manqué.

(1) Voy. la Satire adressée par Vauquelin à Malherbe au moment où celui-ci quitte la Provence pour venir à Paris. L'intimité de Vauquelin et de Malherbe résulterait suffisamment de cette pièce, si l'on ne savait d'ailleurs

III

Jean Vauquelin naquit en 1536, à la Fresnaye-au-Sauvage, non loin de Falaise (Calvados). Cette bourgade, qui fait aujourd'hui partie du département de l'Orne, a 666 habitants. Elle en avait moins au temps de Vauquelin, mais il en était le seigneur et maître.

La noblesse de la famille remontait au Conquérant, et au-delà. C'est du moins la prétention du poète :

Des ce temps mes maieurs desia nobles viuoient
Et nos ducs genereux en leurs guerres suiuoient.

(Diuerses Poesies, 1605).

Le père du poète était lieutenant de gens d'armes sous le maréchal d'Annebaut. Il mourut à trente ans.

La guerre n'avait point enrichi les Vauquelin. Elle avait même singulièrement appauvri le lieutenant. En mourant, il

que Malherbe fut présenté à la Cour par Vauquelin des Yveteaux, fils de La Fresnaye (et Du Perron). — Prétendra-t-on que Malherbe a *déteint* sur Vauquelin et non Vauquelin sur Malherbe?... L'*Art poétique* et le plus grand nombre des Satires, étaient écrits avant que Malherbe fut connu ailleurs qu'en Provence. Vauquelin commença l'*Art poétique* vers 1574. En 1584 ou 85, Malherbe écrivait le quatrain sur *la Main* de Pasquier ; en 1587, il n'en était encore qu'à ses grotesques *Larmes de Saint-Pierre*. Les *Stances à* Du Perrier sont de 98 ou 99 seulement. — Vauquelin devait alors avoir produit à peu près tout ce qu'on a de lui ; et si le tout ne fut pas communiqué à Malherbe, du moins est-il vraisemblable que Vauquelin l'entretint plus d'une fois de sa *manière* et de son *plan*. Cela devait suffire à Malherbe.

laissa la terre de La Fresnaye grevée et en assez mauvais état.

Le futur auteur de l'*Art poétique* n'avait encore que quelques années. Heureusement, il avait pour mère une femme de tête et de cœur, Barbe de Boislichausse. A force de tendresse et de bonne gestion, elle libéra de ses charges le patrimoine de l'enfant. Ce fut sa première tâche.

Bientôt, elle s'en imposa une seconde. Vers 1549, elle envoya son fils étudier à Paris. Vauquelin avait alors treize ou quatorze ans.

IV

De 1549 à 1554, Vauquelin étudie les belles-lettres sous Buquet, Tournebu et Marc-Antoine de Muret. Le moment était propice. L'école de d'Aurat avait renouvelé le cheval troyen ; seulement, au lieu de guerriers, il s'en était élancé des poètes. C'est un équivalent (1). Du Bellay, Ronsard, le percheron Belleau, etc., imprimaient aux esprits un élan qui ne devait plus s'arrêter ; ils avaient partout éparpillé l'amour du beau, et surtout (hélas !) du nouveau. Vauquelin connut la plupart des novateurs, et le feu sacré dont ils embrâsèrent sa jeune âme, ne s'éteignit qu'au tombeau.

Ses humanités terminées, Vauquelin dut faire choix d'une profession, la poésie n'en étant pas une, dit-on. — Après

(1) Cette étonnante période, il en *faut* lire la description dans le *Tableau de la poésie française au* XVIe *siècle,* p. 46 et s., Paris, 1857, in-12.

maintes tergiversations, il jette son dévolu sur le Droit. Il quitte Paris et, accompagné de deux compatriotes, Toustain et Grimoult, se rend à Poitiers.

V

Les trois jeunes gens avaient fait une ample provision de bonnes résolutions. Leur plan était superbe : l'étude du droit devait être leur occupation principale, et celle de la littérature, l'accessoire, — une friandise. Mais,

Mais tout est vanité :
Gentilhomme de verre,
Si tu tombes par terre,
Adieu ta qualité.

Tous les hommes sont gentilshommes verriers, nommément les poètes.

A Angers, la petite caravane est assaillie par le Diable. Il lui apparaît sous les traits enchanteurs du *mignard* Tahureau, lequel en ce temps-là chantait son *Admirée*. Tahureau se moqua de la jurisprudence et vanta la poésie. Les jeunes gens de faire chorus. Premier échec. — L'histoire ne finit pas là.

A Poitiers, où ils arrivent enfin, nouvelle manifestation du Diable. Il prend ici la forme du jeune Scévole de Sainte-Marthe, s'insinue dans leur confiance, conquiert leur amitié, les fascine et bref..... « Les rives du Clain, le Mont-Joubert, furent le théâtre de promenades où il n'était guères question du Digeste. » (Bon J. Pichon).

VI

En revanche, il y était largement question de poésie, et vers la fin de l'an 1555 (1), les libraires de Poitiers offraient à leurs clients (qui s'en souciaient fort peu) le petit volume in-8 dont le titre suit (2) :

LES

DEVS PREMIERS LIVRES

des Foresteries de I. Vauquelin de la Fresnaie.

Prima Syracusio dignata est ludere versu
Nostra, nec erubuit syluas habitare Thalia.
VIRG.

Auec Priuilege du Roy.

A POITIERS,

Par les de Marnefz, et Bouchetz, freres.

1555.

(1) Le volume est dédié à l'Evêque de Séez. La lettre-dédicace est du 20 septembre 1555.

(2) Il y a dans ce volume des sonnets élogieux de Sc. de Sainte-Marthe, de Toutain, de Guillaume Bouchet, etc.

VII

Vauquelin comptait bien sur les applaudissements maternels. Aussitôt après la publication des Foresteries, il accourt en Normandie. Mais Barbe de Boislichausse, femme sérieuse et pratique, mère dévouée, mais sans faiblesse, fit subir au pauvre poète « *vne dure reprise.* » Aussi, malgré les charmes de La Fresnaye, Vauquelin ne tarde-t-il pas à quitter de rechef la Normandie. Il gagne Orléans, puis Bourges.

A Bourges, les professeurs de droit se nommaient Balduin, Duarin, et Donneau. Avec de tels hommes, tout s'étudie, tout s'apprend (1). Vauquelin *mordit au droit,* pour employer l'expression consacrée. Ce ne fut pas, pourtant, sans quelques rechutes. En pouvait-il aller autrement? Scévole de Sainte-Marthe était venu à Bourges et l'on correspondait avec les vieux amis de Poitiers. Le moyen de ne lâcher pas quelques vers en la compagnie de Sainte-Marthe? Le moyen de n'en pas glisser peu ou prou dans des *épistres* à de vieux amis, dont cela flatte les goûts connus?

Le cours de droit, cependant, se termina en 1559. Vauquelin est avocat. Il revient à La Fresnaye.

(1) M. Georges Delisle, mort doyen de la Faculté de droit à Caen, donnait une idée *matérielle* de ce qu'étaient les anciens professeurs. — M. Delisle professait mal, mais quelle universalité de connaissances! Et quelle bonté!

VIII

Peu après, il obtient la charge *d'Avocat du roy* au bailliage de Caen. Sa fortune était assez belle. Outre sa terre de La Fresnaye, il possédait plusieurs fiefs, qui lui étaient revenus comme aîné de sa famille.

En 1560, il se marie. Il épouse la Philis de ses *Idillies*, Anne de Bourgueville, fille de Charles de Bourgueville, sieur de Bras, conseiller du Roy et lieutenant général au bailliage de Caen, auteur des *Antiquitez de la ville de Caen*, etc. C'était du bonheur. Dans Mlle de Bourgueville, Vauquelin épousait la seconde édition de ses rêves d'amour, peut-être la première, la Myrtine des *Foresteries* et la Philis des *Idillies* n'étant, il semble, qu'un seul et même personnage, vu à deux époques différentes. Ce qui le prouve, c'est qu'il projeta, cette année même, de publier pour la seconde fois ses *Foresteries*. Est-il vraisemblable que Vauquelin eût offert à sa femme, comme cadeau de noces, un livre inspiré par une autre? C'eût été montrer peu de délicatesse et beaucoup d'effronterie.

IX

Les années 1559 et 1560 furent désastreuses pour la France. Henri II périt, et François II mourut. La conjuration d'Amboise donna le signal de ces guerres d'ambition, qui ne devaient prendre terme qu'à l'avénement définitif d'Henri IV, et même à celui de Louis XIV. Quoique gentilhomme, Vauquelin comprit que la grandeur de la France ne se réaliserait que par son unification, et qu'il fallait entrer, toutes voiles dehors, dans le plan de Saint Louis, continué et augmenté par Louis XI. « Vive le roi! » tel fut son cri. Peut-être ajoutait-il *in petto : « A bas la féodalité !* »

Donc, il écrit, en 1562, son discours intitulé : « *Pour la Monarchie contre la Diuision. — A la Royne, mere du Roy. — Par I. Vauquelin de la Fresnaye.* — Paris, de l'imprimerie de Federic Morel, rue S. Iean de Beauuais, au Franc Meurier. — 1570. — Auec Priuilége (1). »

Vauquelin ne s'en tint pas là. En 1574, il a dépouillé sa robe de magistrat, et on le trouve aux siéges de Domfront et de Saint-Lô. Il est commissaire des vivres. Au siége de Domfront, il compose l'épitaphe de Jacques d'Assi, qui y fut tué; au siége de Saint-Lô, peu s'en faut qu'il ne soit tué lui-même (Rathery).

Notre poète-magistrat-soldat revient ensuite à Caen, ayant plus que jamais au cœur l'horreur des guerres civiles. Pour en chasser le fantôme, il projette un Art poétique, et fait part à Desportes de son projet.

(1) Ce titre est celui de l'exemplaire de la Bibliothèque Impériale. Il porte la date de 1570. M. le baron J. Pichon croit que la première édition date seulement de 1568, quoique le discours ait été écrit en 1562. — La forme de ce discours est mauvaise, le fond est bon.

X

Desportes, favori de Joyeuse, (favori lui-même d'Henri III, qui venait de succéder au malheureux Charles IX), Desportes parle de Vauquelin au nouveau roi. Henri écrit à Vauquelin, l'encourage, et voilà bien et dûment l'*Art poétique* sur le chantier.

A ce moment, Vauquelin était lieutenant-général au bailliage de Caen. Il avait succédé à son beau-père, l'historien normand Charles de Bourgueville (1). — Joyeuse, amiral de France, investit le poète de l'intendance des côtes de Normandie.

Le favori du roi espérait-il hâter ainsi l'achèvement du poëme? Son erreur était grande. Vauquelin n'était pas homme à mettre de côté les devoirs de ses deux charges, pour se livrer à la poésie. En 1604, il put se rendre ce témoignage admirable : « *Iamais ie ne m'oubliay tant, que ie laissasse mes affaires pour entendre à mes vers..... Ie n'escoutoy les Syrenes des Muses qu'à mon grand loisir et aux heures où d'autres s'ebatent à des exercices moins honnestes.* » (*Préface* des *Diuerses Poesies.*)

Commencé vers 1574, l'*Art Poetique* n'était pas terminé en 1589 (année de l'assassinat d'Henri III). Aussi ne parut-il qu'en 1605, dans les *Diuerses Poesies.*

(1) Ou il était près de lui succéder. Voy. la Notice du baron J. Pichon.

On dirait qu'à cette époque, Vauquelin préférât de travailler à ses *Satires*, à ses *Idillies*, et surtout à son *Israelide*. La plupart des Satires furent composées de 1581 à 1585. Ceci n'est pas douteux. Le poète dit quelque part qu'il avait alors « *par les maisons du Ciel ia veu passer quarante cinq* » *saisons* (1). » Or, il était né « *en l'an, que le grand Roy François conquesta la Sauoye* (1536). » — Quant à l'*Israelide*, poëme inédit (et peut-être perdu, sauf un beau fragment conservé dans l'*Art Poétique*), Vauquelin y travaillait depuis longtemps déjà, puisque Le Fevre de la Boderie, son compatriote et son ami (2), parle de cet ouvrage dans son *Encyclie des secrets de l'Eternité*, Anvers, 1570, in-4.

L'excellente Notice de M. Julien Travers apprend que Vauquelin mit au jour, en 1586 et 1587, deux ouvrages, aujourd'hui fort peu connus, savoir :

1°. « *Oraison, de ne croire legerement à la calomnie, digne d'estre en ce temps tousiours deuant les yeux des Rois, des Princes et des Grans. A Monseigneur le Vicomte de Cheuerny, Messire Philippes Hurault, Cheualier, Chancelier de France*, etc. — Caen, Iaques Le Bas, 1587, in-4 de IV et de 78 pages. »

2°. « *Oraison funebre sur le trespas du sieur de Bretheuille Rouxel, prononcée le* 7 *d'octobre* 1586 (en latin) *par M. Iaq. de Cahaignes, docteur et professeur du Roy en Medecine à l'Vniuersité de Caen.* » — Caen, Le Bas, 1586, in-4. » — Dans un

(1) Voy. la Satire-Epitre à Desportes, liv. 1 des *Satires*.

(2) En tête du discours *Pour la Monarchie*, on lit un très-bizarre sonnet de La Boderie.

Sonnet, Vauquelin revendique cette traduction, qui renferme en outre un certain nombre de poésies, entre autres, deux quatrains et une Pastorale de 332 vers.

XI

L'année 1588 fut glorieuse pour Vauquelin. Aux siéges de Falaise et de Saint-Lô, il s'était montré soldat; aux Etats de Blois, où il assistait comme député, il se montra citoyen. Il eut le courage de tenir tête à la fois aux Huguenots, aux Politiques et aux Catholiques, ou mieux aux intrigants et aux fanatiques qui prenaient ce dernier titre. On a lieu de supposer que l'espèce de disgrâce qu'il encourut alors, eut pour cause son opposition aux mesures extra-légales qu'allait prendre Henri III contre les Guise. Ces mesures, Vauquelin dut les connaître avant leur exécution; car, dans un Sonnet du 6 novembre 1588, il dit aux Ligueurs, en majorité aux Etats, et qui à tout instant *molestaient* le Roi :

N'enuoyez plus vers luy de rudes ambassades;
Car vous pourriez forcer son naturel courtois
A se ressouuenir du iour des Barricades (1).

(1) Ces beaux vers, où la fidélité due au chef de l'Etat est si noblement traduite, font pendant à la fière réponse d'Achille de Harlay. « C'est grand'pitié, avait-il dit au Balafré dans le temps des Barricades, quand le valet chasse le maître. Au reste, mon âme est à Dieu, ma foi est au roi, et mon corps aux mains des méchants; ils en feront ce qu'ils voudront. »

Etait-il possible de plus clairement prédire l'assassinat des Guise (23 décembre 1588)? — Le Balafré disait parfois : « On n'oserait ! » On osa. — On ose tout, quand on est, comme Henri, acculé dans une impasse (1).

C'est aux Etats de Blois que Vauquelin se lia avec Pontus de Tyard, le poète-évêque de Châlons, député comme lui. Il lui a adressé une satire où sont déplorées la corruption des prélats, l'ambition des grands, la vénalité et la rébellion de tous. — L'honnête Vauquelin dut souffrir à Blois.

XII

Jusqu'à la reddition de Paris (22 mars 1594), le poète demeure confiné dans sa province, exerçant ses fonctions de lieutenant-général, revoyant ses *Satires*, ses *Idillies*, son *Art poetique*, et y ajoutant. Son genre de vie n'est pas à dédaigner.

Magistrat intègre, il donne aux affaires tout le temps qu'elles exigent; poète et *seigneur*, il se procure les distractions de la poésie, de la chasse, de la pêche, de l'équitation, etc.; mari et père, il goûte toutes les joies de la famille, sans ses amertumes. De Myrtine-Philis, il a huit enfants : quatre fils et quatre filles. Quelques nuages se glissent bien, par-ci parlà, sur le ciel du ménage. L'auteur des *Foresteries* et des

(1) La duchesse de Montpensier, sœur du Balafré, s'était vantée de posséder les ciseaux qui devaient *tondre* la chevelure d'Henri III.

dillies a toujours le cœur ardent, et son œil, qui sait toutes es beautés de Philis, s'arrête un peu trop complaisamment arfois sur les beautés étrangères; mais, en définitive, comme berger est toujours fidèle à sa bergère, les nuages se dissipent et l'azur de ce ciel, un instant chargé, n'en paraît que lus suave et plus pur.

Henri IV nomma Vauquelin président au siége présidial de Caen, dit M. Rathery. — Il semble, cependant, qu'il l'était éjà sous Henri III. A la fin du troisième livre de son *Art Poétique*, on lit, en effet :

Ie composay cet Art pour donner aux Francois
Quand vous, Sire, quittant le parler polonois,
Voulustes, reposant dessous le bel ombrage
De vos lauriers gaignez, polir vostre langage...

Et plus loin :

Ie viuoy cependant au riuage Olenois,
A Caen, où l'Ocean vient tous les iours deux fois.
Là moy, de Vauquelin, content en ma prouince,
Presidant, ie rendoy la iustice du prince.

Mais il est probable qu'une confusion s'est établie, à ce sujet, dans l'esprit de Vauquelin. Le premier acte que l'on connaisse de lui comme lieutenant-général date de 1578, et il n'est pas immédiatement devenu président. L'*Art poétique* fut tant de fois pris, repris et abandonné par son auteur que celui-ci put parler de sa position, au temps où il le terminait, comme s'il l'avait toujours eue. — Détail, au surplus, peu important. Ce qui l'est davantage, c'est que, si l'on compare telles parties de l'*Art poétique* à telles autres, on acquiert la conviction que ce poëme dut subir, à diverses périodes, de profonds remaniements, et que, quand l'auteur le commença, il ne possédait pas encore la langue qu'il avait, en le terminant ou aux époques de révision.

XIII

On est en 1604. Vauquelin a soixante-huit ans. Ses quatre fils ont une profession; ses quatre filles sont mariées. La pensée de la mort et la pensée de ses Poésies inédites, le tracassent. Il veut se mettre en règle avec Dieu et avec le monde. Pour Dieu, il écrit ses *Sonnets chrestiens;* pour le monde, il fait un tri de ses œuvres.

C'est ce Choix qu'il publie en 1605, à Caen, chez le libraire Charles Macé, sous le titre suivant : LES DIVERSES POESIES *du sieur de la Fresnaie Vauquelin*. Il se compose de l'*Art Poétique*, des *Satires*, des *Epigrames* et *Epitaphes*, et de *Sonnets*. Le volume a 744 pages. Cent pages de trop.

Dans ces cent pages, il y a des choses pitoyables et des choses ordurières. L'idylle de la *Nuit de mariage* est déplorable. Les licences poétiques qu'on se permettait au XVIe siècle, ne justifient pas une pareille... distraction. Comment l'auteur des *Sonnets chrestiens* a-t-il laissé passer cette énorıité? Le caractère de Vauquelin étant connu, on ne peut nvisager ce fait comme le résultat de quelque gangrène secrète; l'hypothèse d'une naïveté sans bornes, inqualifiable, st plus plausible (1). Deux ans encore, et Vauquelin allait araître devant Dieu. Uniquement pour grossir son volume, ût-il consenti à rendre compte d'une aussi fâcheuse incarade? — Certes, il ne faut point être bégueule, mais il ne ıut pas non plus être immoral. Et d'ailleurs, un mari a-t-il ien le droit de divulguer les secrets de son alcôve? Ces serets sont-ils à lui seul?...

Vauquelin mourut en 1607. Il avait soixante-dix ans. — .nne de Bourgueville ne mourut qu'environ dix ans après.

XIV

Il n'est pas sans intérêt de passer en revue quelques-uns es jugements portés, à diverses époques, sur Vauquelin de ı Fresnaye. On y verra si Vauquelin avait tort de ne pas aire fonds sur ses contemporains et de compter beaucoup ur l'*ultime* postérité.

D'abord, qu'en a pensé Boileau, Boileau qui l'a si souvent mité, — disons mieux — copié? On l'ignore. Boileau parle l'Horace, de Juvenal, de Cotin même et de La Calprenède)eu importe en quel sens), mais il se taît sur Vauquelin.

(1) Règle générale : ce sont les hommes les plus forts qui sont les plus ıaifs.

**

C'est mal. Copier n'est pas un crime ; Molière l'a péremptoirement démontré ; mais il est injuste de ne pas faire acte de reconnaissance envers les tiers dont on a obtenu des services.

L'*illustre* Académicien Auger n'a, selon toute apparence, rien lu de Vauquelin, mais, du moins, il en parle. Il résume ainsi notre poète : « La poésie de La Fresnaye a presque tous les vices du temps, et ils n'y sont point rachetés par le mérite des *pensées* ou des *images*. Son style, sans *force* et sans *élévation*, est encore défiguré par beaucoup d'*expressions provinciales.* »

Avant de *juger* Vauquelin, Auger eût dû lire au moins les extraits qu'avaient donné de ses œuvres les Annales Poétiques de 1779. Il eût dû méditer un moment la Notice qui précède ces extraits. Il eût vu que Vauquelin « *avoit bien moins de réputation que de talent,* » dit la Notice. Il n'eût pas assigné à Vauquelin un caractère qui se trouve littéralement tout l'opposé du sien.

Depuis quelques années, Vauquelin a été suffisamment vengé. M. Sainte-Beuve, qui a réhabilité tant de vrais grands hommes, a aussi réhabilité Vauquelin. Dès 1828, il écrivait : « Vauquelin de la Fresnaye, écrivain instruit et laborieux, doué d'un *goût sain* et d'une verve tempérée, prit à tâche de suivre Horace pas à pas, et, après avoir rimé un Art poétique, qui est curieux encore aujourd'hui par plusieurs détails d'histoire littéraire, il composa, à l'instar de son modèle, un assez grand nombre de satires ou épitres morales, ont il adressa la plupart aux illustres du temps, à Scév. de ainte-Marthe, à Bertaut, à Desportes, même à son compariote Malherbe. Celui-ci devait en estimer *la pureté.* » (*Taleau de la poésie française* au XVIe siècle).

Qu'ajouter à cette *défense* splendide? Et que dire là-contre? Que dire ?

M. Nisard ne dit rien. Il imite l'inconcevable silence de Boileau.

M. Gérusez dit deux mots : « D'Aubigné et La Fresnaye méritent aussi de n'être pas oubliés. » (*Hist. de la littér. franç.*, p. 181). — A la vérité, M. Gérusez, pris de remords ans doute, revient, p. 188, sur le poète : « Donnons encore un souvenir, dit-il, au Normand Vauquelin de la Fresnaye, qui a mis de la *grâce* et de la *délicatesse* dans ses poésies pastorales, de la *gravité* et de l'*élévation* dans des satires et épitres morales à l'imitation d'Horace, et qui de plus a renouvelé l'art poétique du poète latin *en l'honneur de l'école de Ronsard.* Ce code poétique, en vers un peu languissants, a été connu de Boileau qui n'a pas dédaigné d'en tirer quelques hémistiches. » — M. Gérusez connaît bien les Idillies et les Satires de Vauquelin; mais où a-t-il vu que son Art poétique fût érigé *en l'honneur de l'école de Ronsard?* Cet Art poétique n'est-il pas, au contraire, l'arrêt de mort de la Pléiade? Vauquelin, dans cet Art poétique (*volens* aut *nolens*), que se montre-t-il, sinon un Boileau rudimentaire et anticipé? N'y dit-il pas :

Si quelques mots nouueaux tu veux mettre en vsage,
Montre toy chiche et caut à leur donner passage?

Et n'ajoute-t-il pas maintes autres réflexions aussi remarquables, et aussi fatales à Ronsard et à son *servum pecus?* Qu'on lise attentivement ses jugements sur Ronsard, Tyard, Desportes, etc., et l'on verra si Vauquelin, malgré sa courtoisie pour les idoles qu'il avait jadis adorées lui-même, était homme à s'aveugler encore. Il était demeuré courtois, mais il voyait clair. La meilleure preuve qu'il pût donner de sa défection, de son opinion contraire à Ronsard, consistait à ne plus écrire comme lui. Or, quel est le style de l'Art poétique? Rappelle-t-il beaucoup celui de Ronsard?

Mais le silence de M. Nisard, dont le livre n'est souvent qu'un simple (et toujours très-savant) commentaire de Despréaux; mais l'erreur de M. Gérusez (petite tache sur un grand tableau), ont une explication possible et facile. Ce qui n'en a pas, c'est cette appréciation laconique et trop singulière des poésies de Vauquelin par M. Bachelet : « Ce sont des œuvres, dit-il, assez médiocres. Vauquelin fut le père de Des Yveteaux. » (*Dict. d'Hist. et de Géogr.*, v° *Vauquelin*). — Eh quoi! Monsieur. Des Yveteaux serait-il, à votre estime, le moins médiocre ouvrage de La Fresnaye? Des Yveteaux n'est pas un rien qui vaille, sans doute, et l'on doit des remercîments à l'homme de goût qui, dans ces derniers temps, lui a élevé un monument durable (M. P. Blanchemain); mais, Monsieur, son père était à la fois et un autre homme et un utre poète. Daignez lire M. Sainte-Beuve, si vous ne daignez ire La Fresnaye.

L'appréciation de Vauquelin par M. Bachelet est d'autant lus surprenante que, depuis M. Sainte-Beuve, plusieurs écriains ont étudié le grand poète, pour ainsi dire, au microsope.

M. le Bon Jérôme Pichon a consacré à La Fresnaye une Noice qu'on ne saurait consulter sans fruit. Il a pénétré dans ous les détails de cette existence laborieuse, utile et poéique.

M. Julien Travers, l'un de nos anciens et vénérés maîtres, complété la Notice du Bon Pichon.

M. Rathery (de la Bibliothèque Impériale) s'est longuement tendu sur Vauquelin de la Fresnaye dans son Etude sur Vauquelin des Yveteaux.

Enfin, M. Bachelet pouvait recourir à l'ouvrage intitulé : « *Les Poëtes Normands.* » Il y eût découvert une bonne Noice sur le poète *assez médiocre* qu'il a dû fort peu lire; elle st signée : Edouard Neveu. — M. Bachelet avait encore à sa lisposition les *Notices biographiques sur les Hommes du Calvados, par F. Boisard*. Caen, 1848, in-12. — Mais M. Bachelet ait, il semble, ses articles biographiques comme l'abbé de Vertot faisait ses siéges. Plus courts, pourtant (1).

(1) Peut-être avons-nous, dans ces lignes, montré un peu trop d'emportement. Il faut être juste, même à l'égard de M. Bachelet, qui ne l'a pas été envers Vauquelin. M. Bachelet est un professeur d'histoire distingué; les travaux historiques qu'il a publiés sont remarquables à plus d'un titre... Mais

Ce n'est pas de la sorte que procède M. Hippolyte Babou. Son travail sur la Fresnaye est sérieux. Mais pourquoi M. Babou met-il Vauquelin au-dessus de Boileau? Quels que soient les mérites du premier, il ne saurait entrer en parallèle avec le second. « Despréaux, disait Voltaire, a très-bien fait ce qu'il voulait faire. » En peut-on toujours dire autant de Vauquelin? — N'exagérons ni les hommes ni leurs œuvres. Personne et Rien n'est sans défaut. — Le travail de M. Hippolyte Babou n'est pas, nonobstant nos reproches, le moins important des *Poètes français,* recueil publié l'an dernier et appelé à détrôner tous les Almanachs et Annales poétiques antérieurs.

XV

Oserons-nous, après tant d'autres, émettre sur La Fresnaye une opinion quelconque? Nous pardonnera-t-on cet excès d'audace?...

Vauquelin est un grand poète, un robuste penseur, un esprit lucide. Le fait n'est plus contesté. — N'y a-t-il rien à ajouter?

pourquoi, lui, Normand de la Seine-Inférieure, s'avise-t-il de *réprouver* un Normand du Calvados et de l'Orne? Si les membres d'une famille se déchirent, qu'attendre des étrangers?.. D'ailleurs, Vauquelin n'a pas mérité l'arrêt que lui inflige M. Bachelet. Ce n'est point un Normand galeux; c'est un Normand très-sain. Pour en convaincre M. Bachelet, nous le prierons d'accepter un exemplaire de l'édition présente, à condition *qu'il le lira*.

Au début de cette Introduction, nous avons écrit : « De Ronsard est né Vauquelin, et de celui-ci Malherbe. »

Nous le répéterons purement et simplement.

La plus grande gloire de Vauquelin, ce n'est pas d'avoir fait l'*Art poétique*, les *Satires*, etc.; c'est d'avoir, par cet *Art poétique*, ces *Satires*, etc., déterminé et fait Malherbe qui, lui, a déterminé et fait le XVIIe siècle.

Paris, 24 janvier 1862.

AV LECTEVR.

LECTEVR, ce sont ici des vieilles et des nouuelles Poësies : Vieilles, car la plus-part sont composees il y a longtemps : Nouuelles, car on n'escrit point à cette heure, comme on escriuoit quand elles furent escrites. Si elles ne sont telles qu'elles deuroient estre, c'est mon defaut : car de mon temps on escriuoit assez bien. Si elles ne sont assez reueües et pollies, c'est ma paresse. Aussi que iamais ie ne m'oubliay tant, que ie laissasse mes affaires pour entendre à mes vers : Et me donnant garde que les Syrenes des Muses ne m'abusassent, ie me tenoy lié à ma profession toute contraire à leurs Chansons, lesquelles ie n'escoutoy qu'à mon grand loisir et aux heures où d'autres s'ebatent à des exercices moins honnestes. Le Public où i'estois attaché, tous les troubles de ce Royaume auenus de mon âge et le soin de mon menage m'empescherent de les reuoir et de les faire imprimer alors que leur langage et leur stile eust esté, peut-estre, receu comme celuy de beaucoup qui firent voir leurs ouurages au mesme temps. Mais grand nombre des Poësies de mon siecle et de ceux à qui i'auoy donné de mes vers sont trépassez, et le Roy mort, par le commandement duquel i'auoy paracheué mon Art Poëtique : et quant et quant ces doux passetemps tombez en tel mespris, que depuis on n'en a tenu guere de conte. Ce qui fera que ceux-ci venants hors de saison et comme mets d'entree de table à la fin du disner, (ou comme ceux qui apres la dixiesme annee vinrent au secours de Troye) ne seront si bien receus qu'ils auroient esté du viuant de mes contemporains. C'est pourquoy vn ancien disoit bien à propos, qu'il estoit malaisé de rendre conte de sa vie deuant des hommes d'vn autre siecle que de celuy auquel on auoit vescu. Toutefois ne les pouuant changer ni r'accoutrer suiuant la façon des habits de maintenant, ie les laisse à leur naturel. Et me souuenant qu'en AEtiopie encor que les plus grands et les plus beaux fussent choisis pour estre Rois, que pourtant ceux-la n'estoient chassez du Royaume, ni de la Chosepublique qui en la stature et en la proportion des membres auoient eu la Nature moins fauorable : i'espere ainsi, que mes vers en leur premier accoutrement pourront auoir quelque place entre les moindres, s'ils ne peuuent attaindre à la hauteur des grands. Sinon me voyant garanti par la defence de mes ans (et que la posterité sera iuge des ouurages d'autruy et non ceux qui viuent) ie les laisseray au rang des vanitez du monde, dont ie me moqueray auec ceux qui s'en moqueront ; ie te prie, Lecteur, d'en faire de mesme : car ie ne trouue plus rien ici bas d'admirable que les œuures de Dieu : aux volontez duquel, i'essaye à me ranger et à me conformer de sorte, que quand il me faudra partir pour aller à luy, je m'y en aille volontairement et sans regret.

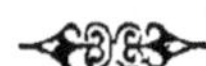

EXTRAICT DV PRIVILEGE

DV ROY.

Par Lettres patentes du Roy, donnees à Paris le vingt troisiesme iour de Decembre mil six cents quatre, signees par le Roy en son Conseil Angenoust, et scellees du grand sceau en cire iaune. Il est permis au Sieur de la Fresnaie Vauquelin, de faire imprimer, vendre et distribuer ses Poësies Francoises durant le temps de dix ans, sans qu'autres que ceux qu'il y commettra les puissent imprimer, ou faire imprimer, vendre et distribuer, sur peine de confiscation et d'amende arbitraire, comme il est plus amplement contenu ésdites Lettres.

Ledit Sieur de la Fresnaie au Sauuage, Sassi, Boessey, les Yueteaux, les Aulnez, et d'Arri, Conseiller du Roy, et President au Bailliage et Siege Presidial de Caen, a transporté ledit Priuilege à Charles Macé, pour en iouir suiuant l'intention de sa Maiesté, deuant les Tabellions Royaux à Caen, le vingt troisiesme de Iuillet mil six cents cinq.

L'ART

POETIQVE

FRANCOIS

OU L'ON PEVT REMARQVER LA PERFECTION ET LE DEFAVT DES ANCIENNES ET DES MODERNES POESIES

AV ROY

Par le sieur DE LA FRESNAIE VAVQVELIN

L'ART POETIQVE FRANCOIS

OU L'ON PEVT REMARQVER LA PERFECTION ET LE DEFAVT DES ANCIENNES ET DES MODERNES POESIES

AV ROY

Par le sieur DE LA FRESNAIE VAVQVELIN

—

LIVRE PREMIER

SIRE, ie conte ici les beaus enseignemens
De l'art de Poësie, et quels commencemens
Les Poëmes ont eu ; quels auteurs, quelle trace
Il faut suiure, qui veut grimper dessus Parnasse.
Muses, s'il est permis d'enseigner l'Art des vers,
Et montrer d'Helicon les saints écrins ouuers,

Que chacune de vous me montre sa cachette;
Permettez que les huis de Cirrhe ie crochette,
Que ie monte en Parnasse ouurant vos cabinets,
Que ie cueille les fleurs des feconds iardinets
De Pimple et de Permesse : et que l'eau de Pirene
Ruisselle dans mes vers sur la francoise arene.
  Apollon, pren pour moy ton Luth harmonieux,
Etoufe d'vn son doux le bruit calomnieux
De ceux qui blameront cette mode enseignante
Pour ne sentir assez sa façon elegante.
Et vous, ô mon grand Roy, soyez le deffendeur
De l'ouurage, duquel vous estes commandeur.
  Comme Dieu, grand ouurier, fist de rien toute chose,
Son œuure aussi de peu le Poëte compose :
Mais quand vn homme va pour vn plaisant soulas,
Dans quelque beau iardin, dressé par entrelas
D'aires, de pourmenoirs et de longues allees,
Partis diuersement en sentes egallees;
S'il marche dedaigneux par dessus les plançons
Des aires, compartis en diuerses façons,
Et qu'il rompe en passant les bordures tondues,
Et d'vn gentil dedal les hayettes fendues,
Au lieu d'aller ioyeux par les petits sentiers,
Diuisant le parterre en ses diuers quartiers,
Le iardinier fasché de voir les pieds superbes
De ce hautain gaster son iardin et ses herbes,
De mots iniurieux à luy s'adressera,

Et hors de son iardin, dépit le chassera.
Ainsi quand le grand Dieu, iardinier de la terre,
Nous void marcher hautains au monde son parterre,
Hors de ses chemins droits, les espalliers brisant,
Les berceaus et les fleurs de son iardin plaisant,
Il nous chasse dehors : il luy déplaist que l'homme
Retenté de nouueau regouste de la pomme :
Sa loy, ses mandemens, sentiers de la cité,
Sont chemins où l'on peut marcher en seureté.
SIRE, pareillement si quelcun plein d'audace,
Malin, outrecuidé, vos Edicts outrepasse,
De vos grands Parlemens le seuere pouuoir
Le fait bien tost ranger à son humble deuoir.
Vostre image parlant en vos licts de iustice,
Fait de vostre Royaume obseruer la police.
Et vostre bras vangeur poursuit de toutes pars
Ceux qui vous irritant veulent irriter Mars.
Les Edicts de nos Roys, vos iustes ordonnances,
Doiuent à vos suiets seruir de souuenances
Du trac, dont on ne doit iamais se detraquer,
Qui ne veut le couroux du prince prouoquer.
De mesme en tous les arts formez par la Nature,
Sans art il ne faut point marcher à l'auenture :
Autrement Apollon ne guidant point nos pas
Monter au double mont ne nous souffriroit pas ;
Les chemins sont tracez ; qui veut par autre voye
Regaigner les deuants, bien souuent se fouruoye :

Car nos sçauans maieurs nous ont desia tracé
Vn sentier qui de nous ne doit estre laissé.
Pour ce ensuiuant les pas du fils de Nicomache,
Du harpeur de Calabre, et tout ce qui remache
Vide, et Minturne aprés, i'ay cet œuure aprestė,
Sire, l'accommodant au langage vsité
De vostre France, afin que la francoise Muse
Sans Art à l'auenir ne demeure confuse.
Mais qui selon cet Art du tout se formera
Hardiment peut oser tout ce qui luy plaira
Escriuant en francois ; ainsi vostre langage
Par ces vers ne recoit vn leger auantage
Veu qu'il se trouue plus de comments mille fois
Au latin, que de vers en l'Art du Calabrois :
Et puis ce n'est pas peu de ioindre à vos domaines,
Sans dépence ou hasard, les dépouilles Romaines.
Mais tout par art se fait, tout par art se construit,
Par art guide les Naux le Nautonnier instruit,
Et sur tous le Poëte en son dous exercice
Mesle auec la nature vn plaisant artifice ;
Tesmoin en est cet Art, qui par les vers conté,
A tous les autres arts aisément surmonté.
Comme on void que les voix fortement entonnees
Dans le cuyure étrecy des trompettes sonnees,
Iettent vn son plus clair, plus haut, plus souuerain,
Pour estre l'air contraint dans les canaux d'erain :
Ainsi les beaus desseins, plus clairs on fait entendre,

De les soumettre aux loix qu'en prose les étendre.
Premier cette raison fist asseruir les voix,
Soubs l'air de la syllabe à conter par ses doigs.
L'inuention des vers estre des cieux venue,
Est vne opinion des plus sçauans tenue,
Et le fils de Latone ils y font presider
Et les vierges qu'on fait en Pinde resider,
Pour monstrer que la source en est toute celeste;
Ce qu'vn rauissement à plusieurs manifeste,
Car, estants idiots, de fureur sainte epris,
Ils sentent tellement eleuer leurs espris,
Et de Phœbus si fort échauffer leurs poitrines,
Que, comme s'ils auoient apris toutes doctrines,
Ils chantent mille vers qu'on pourroit égaller
A ceux qui font la Muse en Homere parler :
Puis quand cet éguillon plus ne les epoinçonne,
Ils remachent leurs vers, leur Muse plus ne sonne :
Et demeurants muets ils sont émerueillez
Quel Ange auoit ainsi tous leurs sens reueillez,
Quel Bacchus leur auoit l'ame tant éleuee,
Et du Nectar des dieux tellement abreuuee,
Que sans corps ils estoient en tel rauissement
Tirez iusques au Ciel, où le saint souflement
De la bouche de Dieu leur halenoit en l'ame
Vne fureur diuine, vn rayon, vne flame,
Qui sans art, sans sçauoir, les faisoit tant oser,
Qu'en tous arts ils vouloient et sçauoient composer ;

Cela fist que l'on vid maints doctes recognoistre
Les Orateurs se faire, et les Poëtes naistre.
Et truchemens des dieux beaucoup les appeloient,
Croyans que par leur bouche aux humains ils parloient.
On void aussi que l'homme ayant dés la naissance
Le Nombre, l'Armonie et la Contrefaisance,
Trois points que le Poëte obserue en tous ses vers,
Que de là sont venus tous les genres diuers
Qu'on a de Poësie : à raison que naissante
Premier cette Nature en nous contrefaisante,
Fist que celuy qui fut enclin pour imiter,
S'enhardit peu à peu de nous representer
Tous les gestes d'autruy, chanter à l'auenture,
Rapportant à la voix l'accort et la mesure :
Depuis il s'ensuiuit qu'en beaucoup de façons
Elle fut diuisee en l'esprit des garçons,
Selon que de leurs meurs la coustume diuerse
A faire les poussoit des vers à la trauerse.
Delà vint qu'on voyoit les sages genereux
Les gestes imiter des hommes valeureux :
Les prudens contrefaire vne vieille prudence,
Et mettre d'vn Nestor l'esprit en euidence,
En imitant leurs meurs, leurs belles actions,
Comme elles ressembloient à leurs intentions :
Les autres plus legers les actions legeres
Imitoient des mauuais : et comme harengeres
Touchoient l'honneur de tous, vsant de mots picquants,

Au contraire de ceux qui les dieux inuoquants,
Faisoient à leur honneur des Hymnes venerables,
Ou celebroient des bons les bontez fauorables :
De Nature ils estoient poussez à cet effet :
Nul ne pensoit à l'Art qui depuis s'en est fait :
Mais l'vsage fist l'Art ; l'Art par apprentissage
Renouuelle, embellit, regle et maintient l'vsage :
Et ce bel Art nous sert d'escalier pour monter
A Dieu, quand du nectar nous desirons gouster.
Le Nombre, et la Musique en leur douce Harmonie,
Sont quasi comme l'ame en la sainte manie
De tout genre de vers, de qui faut emprunter
Le sucre et la douceur pour les faire gouster.
Bien que la vigne soit aussi belle, aussi viue
Qu'aucun autre arbrisseau qu'vn laboureur cultiue.
Il la faut toutesfois appuyer d'échalas,
Ou quelque arbre à plaisir luy bailler pour soulas :
Ainsi des autres Arts il faudra qu'on appuye
La Poësie, afin qu'elle en bas ne s'ennuye :
Le Lierre en la sorte en forme de serpent,
Sans son grand artifice en bas iroit rampant :
Aux arbres il s'attache, industrieux il grimpe
Par son trauail, plus haut que le coupeau d'Olimpe :
Il grauit contremont sur les antiques murs,
Il s'eleue collé dessus les chesnes durs,
Et sa force si bien haussant il etançonne,
Que plus ferme est son pied qu'vne ferme coulonne.

De mesme la Nature aux Arts a son recours,
Pour auoir vn soustien, pour auoir vn secours,
Qui ferme rend sa peine en plaisir égayee
De se voir par les fleurs de science étayee.
C'est pourquoy quand on fait, par vn prix droicturier,
La couronne aux sçauans de verdoyant laurier,
(Signe que la verdeur d'immortelle duree
Aura contre le temps vne force asseuree)
On y met du lierre ensemble entrelassé,
Pour montrer que sans l'Art l'esprit est tost lassé :
Ainsi representoit l'Egiptienne écolle
Le Poëte parfait, par ce gentil symbolle.
Comme vn autre disoit, que de laict doucereux,
Pour montrer la Nature, et de miel sauoureux
Pour marquer l'artifice, on debucroit repaistre
Celuy qui veut aux vers se faire appeler maistre,
Personne ne pouuant sans leur conionction
Iamais toucher au but de la perfection.
C'est vn Art d'imiter, vn Art de contrefaire
Que toute Poësie, ainsi que de pourtraire,
Et l'imitation est naturelle en nous:
Vn autre contrefaire il est facile à tous;
Et nous plaist en peinture vne chose hideuse,
Qui seroit à la voir en essence facheuse.
Comme il fait plus beau voir vn singe bien pourtrait,
Vn dragon écaillé proprement contrefait,
Vn visage hideux de quelque laid Thersite,

Que le vray naturel, qu'vn sçauant peintre imite :
Il est aussi plus beau voir d'vn pinceau parlant
Dépeinte dans les vers la fureur de Roland,
Et l'amour forcené de la pauure Climene,
Que de voir tout au vray la rage qui les mene.
  Tant s'en faut que le beau, contrefait, ne soit beau,
Que du laid n'est point laid vn imité tableau :
Car tant de grace auient par cette vray-semblance,
Que surtout agreable est la contrefaisance.
  Donc s'vn peintre auoit peint vn beau visage humain,
Y ioignant puis aprés, d'vn trait de mesme main,
Vn haut col de cheual dont l'estrange figure
D'vn plumage diuers bigarrast la nature,
Et qu'ores d'vne beste, et qu'ores d'vn oyseau
Il adioutast vn membre à ce monstre nouueau,
Ses membres assemblant d'vne telle ordonnance,
Que le bas d'vn poisson eust du tout la semblance,
Et le haut d'vne femme, ainsi qu'on dit qu'estoient
Celles qui de leurs voix les nochers arrestoient :
Sire, venant à voir ce monstre de Sirene,
De rire, que ie croy, vous vous tiendriez à peine.
Croyez, ô mon grand Roy, qu'en ce tableau diuers,
Semblable vous verrez vn beau liure en ces vers,
Auquel feintes seront diuerses Poësies,
Comme au chef d'vn fieureux sont mille fantasies :
De sorte que le bas ni le sommet aussi
Ne se rapporte point à mesme sorte icy :

Toutesfois tout le corps des figures dépeintes
Donnent vn grand plaisir ainsi qu'elles sont feintes :
Ce sont des vers muets que les tableaux de prix,
Ce sont tableaux parlants que les vers bien écris.
Le Peintre et le Poëte ont gaigné la puissance
D'oser ce qu'il leur plaist, sans faire à l'Art nuisance :
Au moins nous receuons cette excuse en payment,
Et la mesme donnons aux autres mesmement.
Mais non pas toutesfois que les choses terribles,
Se ioignent sans propos auecques les paisibles :
Comme de voir couplez les serpens aux oyseaux,
Aux tigres furieux les dous bellants agneaux.
Tout se doit rapporter par quelque apartenance,
Tant qu'vn fait ioint à l'autre ait de la conuenance,
Comme en Crotesque on voit par entremeslemens
De bestes et d'oyseaux diuers accouplemens.
Bien souuent bastissant d'vn hautain artifice
Quelque ouurage superbe, on met au frontispice
Et de pourpre et d'azur maint braue parement,
Pour enrichir le front d'vn tel commencement.
Tout de mesme on descrit la forest honoree,
Et l'autel où iadis fut Diane adoree,
Ou le bel arc en ciel bigarré de couleurs,
Ou le pré s'émaillant de differentes fleurs,
Ou le Rhin Germanique, ou la Françoise Seine,
Qui par tant de beaus champs en serpent se pourmeine,
Puis embrasse en passant de ses bras tortueux

Paris le beau seiour des libres vertueux.
Mais de ne mettre point chose qui ne conuienne
Au suiet entrepris, tousiours il te souuienne :
Et ne fay pas ainsi que ce peintre ignorant,
Qui peindre ne sçauoit qu'vn Ciprez odorant ;
Et desirant de luy tirer quelque peinture,
Tousiours de ce Ciprez il bailloit la figure.
A quel propos cela? quand pour argent donné
Veut estre peint celuy qui, sur mer fortuné,
Le nauffrage a souffert, te chargeant de pourtraire
Vn Satire cornu, ne fay rien au contraire.
Parquoy doncques au lieu d'vn Satire paillard,
Nous viens tu figurer Silene le vieillard?
  Si tu fais vn Sonnet ou si tu fais vne Ode,
Il faut qu'vn mesme fil au suiet s'accommode :
Et plein de iugement vn tel ordre tenir,
Que hautain commençant haut tu puisses finir.
  Pour dire en bref il faut qu'à toy mesme semblable,
Ton vers soit tousiours mesme en soymesme agreable,
Si bien que ton Poëme égal et pareil soit.
Soubs l'espece du bien souuent on se deçoit :
Qui fait que la pluspart des Poëtes s'abuse.
Car l'vn pour estre bref importunant la Muse,
Trop obscur il deuient : à l'autre le cœur faut,
Suiuant vn suiet bas : trop s'enflant s'il est haut :
Qui trop veut estre seur, et qui trop craint l'orage,
Il demeure rampant à terre sans courage.

Qui veut d'vne autre part, prodigue de ses vers,
Vn mesme fait changer par vn parler diuers,
Il conduit aux forets les Dauphins hors des ondes,
Les Sangliers hors des bois dedans les eaux profondes,
Et les Cerfs il veut faire en hardes abbander,
Pour aller hors la terre en la mer viander :
Au vice nous conduit la faute qu'on euite,
Si par Art elle n'est du iugement conduite.
A Paris, Renaudin, Imager diligent,
Sçait bien representer en bronze et en argent
Les ongles et la main : et de douce entailleure
Imiter gentiment la crêpe cheueleure;
Mais le chetif ne peut d'vne derniere main
Parfaire son ouurage : Ainsi ie fais en vain
Mille vers, quand ie veux composer vn Poëme,
Qu'imparfait, ie ne puis paracheuer de mesme
Que ie l'ay commencé : comme si mal en point
I'auois la chausse neufue, et quelque vieux pourpoint.
O vous qui composez, que prudens on s'efforce
De prendre vn argument qui soit de vostre force :
Pensez long temps au fais que vous pourrez porter :
Car s'il est trop pesant, il s'en faut deporter.
Qui sçait bien vn suiet selon sa force elire,
Point ne luy manquera l'ordre ni le bien dire.
La grace et la beauté de cet ordre sera,
Si ie ne me deçoy, quand bien on dressera
Ce qui dire se doit, et non se dire à l'heure,

Reseruant plusieurs points en leur saison meilleure,
Et quand bien à propos on sçaura prendre vn point,
Et quand hors de propos on ne le prendra point.
Sur tout bien inuenter, bien disposer, bien dire,
Fait l'ouurage des vers comme vn Soleil reluire.
Comme sur tous louable est l'edifice, où l'art
Fait priser la matiere, auquel d'vne autre part
La matiere fait l'art estimer dauantage:
Tout ainsi le Poëme a l'honneur en partage,
Quand vn digne suiet fait les vers estimer,
Et quand les vers bien faits font le suiet aimer.
Si quelques mots nouueaux tu veux mettre en vsage,
Montre toy chiche et caut à leur donner passage:
Ce que bien tu feras les ioignant finement
Auec ceux dont la France vse communement.
Si mesme le premier il te faut d'auenture,
Découurir en françois des secrets de nature
Non encor exprimez, lors prudent et rusé,
Tu peux feindre des mots dont on n'a point vsé:
Et puis les mots nouueaux que les nostres inuentent,
Qui de l'Italien la langue representent,
Ou qui sont du Latin quelque peu détournez,
Ou qui sont du milieu de la Grece amenez,
Seront receus, pourueu qu'auec propre matiere
La France rarement en soit faite heritiere:
Et tous les mots qui sont proprement françoisez,
Et tous ceux qui ne sont du françois deguisez,

Et les vieux composez desquels tousiours en France
On vsoit à l'égal de la Grecque eloquence.
Mais ne seroit raison qu'à Thiard fust permis,
Comme à Sceue, d'auoir tant de mots nouueaux mis
En France, dont il a nostre langue embellie
Par les vers éleuez de sa haute Delie,
Et que Bellay, Ronsard et Baïf, inuentant
Mile propres beaus mots, n'en peussent faire autant.
Si i'en inuente aussi, par la trace suiuie
Des plus doctes, pourquoy m'en porte l'on enuie?
Puis que tant ont ainsi nostre langage orné,
Quand à nouuelle chose ils ont vn nom donné;
Comme ont fait nos Herauts, en beaucoup de manieres
Blasonnant les escus armoyés aux banieres:
Comme en la chasse ont fait nos antiques chasseurs,
Comme ore font aussi nos recens bastisseurs :
Tesmoin vn Iean Martin qui nostre langue a faite
Propre pour exprimer Vitruue l'architecte.
En la chasse il y a pour les champs et les bois,
Du Fouilloux et Modus, et le prince de Foix,
Dont puiser tu pourras les mots de venerie;
Et puis Iean de Franciere en la fauconnerie,
Vollant t'enseignera les traits et les façons
D'affaitter et leurrer les Gerfauts et Faucons.
Et du braue cheual cauacadour agile
Le parler tu sçauras d'vn escuyer habile,
Et voirras le Grison (bien qu'à le manier

Il ne soit à la fin qu'vn françois escuier)
Et d'autre part Nicot, qui de plume diuine
Voyageant t'assembla des termes de marine.
L'idiome Norman, l'Angeuin, le Manceau,
Le François, le Picard, le poli Tourangeau
Aprens, comme les mots de tous arts mecaniques,
Pour en orner apres tes phrases Poëtiques.
Si tu veux vn dessein ou d'armes ou d'amour,
Ou de lettres montrer qui soit digne du iour,
Que tu saches la regle au vray des Entreprises,
Cris-de-bataille, Mots, Ordres, Chiffres, Deuises,
Brisures et Couleurs, les Armes des maisons,
Anagrammes, Rebus, Emblesmes et Blasons,
Et des Egiptiens des choses les images
Soubs lesquels ils couuroient leurs doctrines plus sages.
Aux festins solennels, aux ioustes, aux tournois
Tu rempliras ainsi les Oualles des Rois
D'ames et de beaus corps : ce sont Mots et Figures
Qui de guerre et d'amour cachent les auantures.
Alors il te sera permis de mots vser
Que la necessité ne pourroit refuser :
(Ie ne veux toutesfois qu'vn bon esprit se fiche
A faire vn Anagramme, à faire vne Accrostiche
D'vn trauail obstiné : ce sont fruicts abortifs
Dont la semence vient de poures apprentifs);
Lors en renouuelant vne vieille empirance
Changer tu peux des mots par quelque tolerance.

On a tousiours permis, est, et permis sera
Faire naistre vn beau mot, qui representera
Vne chose à propos, pourueu que sans contrainte
Au coin du temps present la marque y soit emprainte.
Comme on void tous les ans les fueilles s'en aller,
Au bois naistre et mourir, et puis renouueler,
Ainsi le vieux langage et les vieuls mots perissent,
Et comme ieunes gens les nouueaux refleurissent.
Tout ce que nous ferons est suiet à la mort :
Ce qui fut terre ferme à cette heure est vn port,
Oeuure haute et royalle : et maintenant la Seine
Pour enceindre la ville abandonne la pleine :
Et ce qui d'vn costé n'estoit rien que marests,
Et qui d'vn autre endroit n'estoit rien que forests
Est, fendu soubs le soc, deuenu champ fertille
Des blonds cheueux que tond la dent de la faucille.
Comme ore en mainte part Loire a changé son cours,
Et sans plus nuire aux bleds, des prez est le secours :
La mer en maint endroit de nos costes Normandes
A pris, sans partager, des campagnes trop grandes ;
Ailleurs se reculant de ses bords sablonneux,
Elle a fait des pastils de marests limonneux.
A la fin periront toutes choses mortelles ;
Aussi fera l'honneur des paroles plus belles :
Car si l'vsage veut, plusieurs mots reuiendront
Aprés vn long exil, et les autres perdront
Leur honneur et leur prix, sortant hors de l'vsage

Soubs le plaisir duquel se regle tout langage.
De quel air, en quels vers on doit des Empereurs,
Des Princes et des Rois descrire les erreurs,
Les voyages, les faits, les guerres entreprises,
D'vn siege de dix ans les grandes villes prises,
L'enseigne Homere grec, et Virgile Romain :
Autre exemple choisir ne te trauaille en vain.
Comme Appelle en peinture estoit inimitable,
En ses traits, en ses vers Virgile est tout semblable.
En l'Epique tu peux suiure ce braue autheur :
Nul ne peut en sa langue attaindre à sa hauteur.
Pour t'aider tu pourras bien remarquer tes fautes
Dedans la Thebaïde et dans les Argonautes,
Suiure vn coulant Ouide, et cet Italien,
Qui ne les suit de loin, bien que d'vn seul lien,
Dans vn mesme suiet de trois digne, il assemble
Vn long siege, vn voyage et maint amour ensemble.
Et d'autant qu'il ne sied au Poëte fameux
De prendre rien des siens quand il écrit comme eux,
Estant né de bon siecle auec la vehemence
Qu'en la France a produit la premiere semence)
Sans rien luy dérober honore ce bel art
En Francus voyageant soubs nostre grand Ronsard.
Si, né soubs bon aspect, tu auois le genie
Qui d'Apollon attire à soy la compagnie,
Pour d'vn ton assez fort l'Heroïque entonner,
Les siecles auenir tu pourrois étonner;

Mais il faut de cet Art tous les preceptes prendre,
Quand tu voudras parfait vn tel ouurage rendre :
Par ci par là meslé, rien ici tu ne lis,
Qui ne rende les vers d'vn tel œuure embellis.
  Tel ouurage est semblable à ces fecons herbages,
Qui sont fournis de prez et de gras pasturages,
D'vne haute futaye, et d'vn bocage épais,
Où courent les ruisseaux, où sont les ombres frais,
Où l'on void des estangs, des vallons, des montagnes,
Des vignes, des fruictiers, des forests, des campagnes :
Vn Prince en fait son parc, y fait des bastimens,
Et le fait diuiser en beaus appartemens ;
Les cerfs, soit en la taille, ou soit dans les gaignages,
Y font leurs viandis, leurs buissons, leurs ombrages;
Les abeilles y vont par esquadrons bruyants
Chercher parmi les fleurs leurs viures rousoyants ;
Le bœuf laborieux, le mouton y pasture,
Et tout autre animal y prend sa nourriture.
  En l'ouurage Heroïque ainsi chacun se plaist,
Mesme y trouue dequoy son esprit il repaist :
L'vn y tondra la fleur seulement de l'Histoire,
Et l'autre à la beauté du langage prend gloire ;
Vn autre aux riches mots des propoz figurez,
Aux enrichissemens qui sont elabourez ;
Vn autre aux fictions, aux contes delectables
Qui semblent plus au vray qu'ils ne sont veritables.
Bref, tous y vont cherchant, comme sont leurs humeurs,

Des raisons, des discours, pour y former leurs mœurs;
Vn autre plus sublim à trauers le nuage
Des sentiers obscurcis, auise le passage
Qui conduit les humains à leur bien-heureté
Tenant autant qu'on peut l'esprit en seureté.
C'est vn tableau du monde, vn miroir qui raporte
Les gestes des mortels en differente sorte.
On y void peint au vray le gendarme vaillant,
Le sage capitaine vne ville assaillant,
Les conseils d'vn vieil homme, ecarmouches, batailles,
Les ruses qu'on pratique au siege des murailles,
Les ioustes, les tournois, les festins et les ieux,
Qu'vne grand' Royne fait au Prince courageux,
Que la mer a ietté par vn piteux naufrage,
Apres mille dangers, à bord à son riuage.
On y void les combats, les harengues des chefs,
L'heur apres le malheur, et les tristes méchefs
Qui tallonnent les Roys : les erreurs, les tempestes
Qui des Troyens errants pendent dessus les testes,
Les sectes, les discords, les points religieux,
Qui brouillent les humains entre eux litigieux :
Les astres on y void et la terre descrite,
L'ocean merueilleux quand Aquilon l'irrite :
Les amours, les duels, les superbes dédains,
Où l'ambition mist les deux freres Thebains :
Les enfers tenebreux, les secrettes magies,
Les augures par qui les citez sont regies :

Les fleuues serpentants, bruyants en leurs canaux;
Les cercles de la Lune, où sont les gros iournaux
Des choses d'ici bas, prieres, sacrifices,
Et des Empires grands les loix et les polices.
On y void discourir le plus souuent les Dieux,
Vn Terpandre chanter vn chant melodieux
A l'exemple d'Orphee : et plus d'vne Medee
Accorder la toyson par Iason demandee :
On y void le dépit où (1) poussa Cupidon
La fille de Dicæe et la poure Didon :
Car toute Poësie il contient en soyméme
Soit tragique ou Comique, ou soit autre Poëme.
Heureux celuy que Dieu d'esprit voudra remplir,
Pour vn si grand ouurage en françois acomplir!
En vers de dix ou douze apres il le faut metre :
Ces vers la nous prenons pour le graue Hexametre,
Suiuant la rime plate, il faut que mariez
Par la Musique ils soient ensemble appariez,
Et tellement coulans que leur veine pollie
Coule aussi doucement que l'eau de Castallie.

(1) Dans l'édition de *Caen, Charles Macé,* 1605, *in*-8, point d'accent grave sur l'*u. Ou,* conjonction, et *où,* adverbe de lieu, s'écrivent absolument de la même manière. — Il y a, dans cette édition (la seule, car l'édition de 1612 n'est autre que celle-ci, sauf les titres), un certain nombre d'irrégularités orthographiques. Mais nous ne nous sommes permis de les corriger que lorsque le sens en souffrait trop gravement. Il était bon de respecter jusqu'à un certain point cette *orthographe de transition comme la poésie* de Vauquelin.

Mais du vers Heroic ailleurs nous parlerons
Et tandis d'autres vers ici nous meslerons.
Les vers que les Latins d'inegale iointure
Nommoient vne Elegie, aigrete en sa pointure,
Seruoient tant seulement aux bons siecles passez,
Pour dire apres la mort les faits des trepassez;
Depuis à tous suiets : ces plaintes inuentees
Par nos Alexandrins sont bien representees,
Et par les vers communs, soit que diuersement
En Stances ils soient mis, ou bien ioints autrement.
Cette Elegie vn Lay nos François appelerent,
Et l'Epitete encor de triste luy baillerent :
Beaucoup en ont escrit; tu les imiteras,
Et le prix non gaigné peut estre emporteras.
Breue tu la feras, te reglant en partie
Sur le Patron poli de l'amant de Cinthie,
Les preceptes tousiours generaux obseruant,
Tels que nous les auons cottez par ci deuant.
Nos Poëtes François, qui beaus Cignes se fient
A leur voler hautain, or' la diuersifient
En cent genres de vers; si trop long est leur cours,
Ils couurent sa longueur du beau nom de discours.
Qui la triste Elegie a premier amenee,
Cette cause au Palais encor est demenee :
Car les Grammairiens entre eux en vont plaidant,
Et soubs le Iuge encor est le procez pendant.
Tibulle est le premier dont la Muse bien nette

A, romaine, imité Callimaque et Philætte :
Puis Ouide et Properce, et Gallus le vieillart,
Dont tu peux emprunter les regles de cet Art.
Mais ta Muse ne soit iamais embesongnee
Qu'aux vers dont la façon ici t'est enseignee
Et des vieux chants Royaux décharge le fardeau ;
Oste moy la Ballade, oste moy le Rondeau.
Les Sonnets amoureux des Tançons Prouençalles
Succederent depuis aux marches inegalles
Dont marche l'Elegie : alors des Trobadours
Fut la Rime trouuee en chantant leurs amours :
Et quand leurs vers Rimez ils mirent en estime,
Ils sonnoient, ils chantoient, ils balloient sous leur Rime ;
Du Son se fist Sonnet, du Chant se fist Chanson,
Et du Bal la Ballade, en diuerse façon :
Ces Trouuerres alloient par toutes les Prouinces
Sonner, chanter, danser leurs Rimes chez les Princes.
Des Grecs et des Romains cet Art renouuelé,
Aux François *les premiers* ainsi fut reuelé.
A leur exemple prist le bien disant Petrarque
De leurs graues Sonnets l'ancienne remarque :
En récompense il fait memoire de Rembaud,
De Fouques, de Remon, de Hugues et d'Aarnaud.
Mais il marcha si bien par cette vieille trace,
Qu'il orna le Sonnet de sa premiere grace :
Tant que l'Italien est estimé l'autheur
De ce dont le François est premier inuenteur.

Iusqu'à tant que Thiard (1) épris de Pasithee
L'eut chanté d'vne mode alors inusitee,
Quand Scene par dixains en ses vers Deliens
Voulut auoir l'honneur sur les Italiens,
Quand desia Saingilais (2), et doux et populaire
Refaisant des premiers le Sonnet tout vulgaire,
En Court en eut l'honneur : quand bien tost du Bellay
Son Olliue chantant l'eut du tout r'appelé :
Et que Ronsard bruslant de l'amour de Cassandre
Par dessus le Toscan se sceut bien faire entendre :
Et Baïf dudepuis (Meline en ses ébats
N'ayant gaigné le prix des amoureux combats)
Ces Sonnets repillant, d'vn plus hardi courage,
Et changeant son amour, et changeant son langage
Chanta de sa Francine au parangon de tous,
Faisant nostre vulgaire *et plus bas et plus dous.*
Puis Ronsard reprenant du Sonnet la mesure
Fist nostre langue aussi n'estre plus tant obscure
Et deslors à l'enui fut des François repris
L'interest du vieux sort, que l'Itale auoit pris.
Et du Bellay quitant cette amoureuse flame,
Premier fist le Sonnet sentir son Epigrame :

(1) Ce poëte-mathématicien-philosophe-évêque du 16e siècle a son nom ainsi orthographié sur le titre des *Discours philosophiques*. Paris, 1587, in-8 : *Pontus de Tyard*. L'orthographe de sa signature est identique.

(2) Mellin de Saint-Gelais. — Vauquelin aura écrit ce nom comme il le prononçait, en vrai Normand qu'il était. On dit encore en Normandie, *liger* pour léger, etc.

Capable le rendant, comme on void, de pouuoir
Tout plaisant argument en ses vers receuoir.
Desportes d'Apolon ayant l'ame remplie,
Alors que nostre langue estoit plus accomplie,
Reprenant les Sonnets, d'art et de iugement
Plus que deuant encor écriuit doucement.
De nostre Cathelane ou langue Prouençalle
La langue d'Italie et d'Espagne est vassalle :
Et ce qui fist priser Petrarque le mignon,
Fust *la grace des vers qu'il prist en Auignon :*
Et Bembe reconnoist qu'ils ont pris en Sicille
La premiere façon de la Rime gentille,
Que l'on y fut planter *auecques nos Romants,*
Quand conquise elle fut par nos Gaulois Normands,
Qui *faisoient de leurs faits inuenter aux Trouuerres*
Les vers que leurs Iouglours, leurs Contours et Chanterres
Rechantoient par apres : (Ainsi les Grecs auoient
Des Rapsodes, qui lors tous les carmes sçauoient
D'Homere et d'Hesiode, estant les secretaires,
Interpretes, conteurs des fabuleux misteres
De ces poëtes vieux) lors Tristau de Cisteaux
En Pouille auec Guiscart plantoit ses panonceaux.
Puis en suite plus grand Tancred de Hauteuille
Conduisant douze fils de sa terre fertille,
Mist en Pouille et Calabre vn vulgaire François
Du Cathelan, Roman, Vualon et Thiois,
Langages tous formez sur la langue Gauloise,

Que corrompit ainsi la Latine et Thioise;
Qui par les Cours des grands Romande se forma,
Et chacun à la fin ceste derniere aima.
Les Normands derechef, suiuant hors de leur terre
Guillaume leur grand duc, mirent en Angleterre
Leur coustume et leur langue, et dela d'autres lois,
Qu'en Francois bien long tems n'ont point eu les Anglois.
D'Archilocque premier la furieuse rage
De son Iambe propre arma le fier courage:
Ce pied du gros soulier des Comicques fut pris,
Et du beau brodequin des tragiques espris:
Outil propre à traiter des communes affaires,
Des propos mutuels et des bruits populaires,
Se pouuant comme on veut en François r'apporter,
Car il peut en tous vers l'oreille contenter :
Mais nostre vers d'huict *sied bien aux comedies* (1),
Comme celuy de douze aux graues Tragedies.
Nos longs vers on appelle Alexandrins, d'autant
Que le *Roman qui va les prouesses contant*
D'Alexandre le grand, l'vn des neuf preux de l'aage
En ces vers fut escrit d'vn Romanze langage:
Heroïques ainsi les Carmes furent dits,
D'autant que des Heros les hauts gestes iadis

(1) A la farce, oui; mais non à la haute comédie. Le vers de huit syllabes est trop sautillant. L'Alexandrin, au contraire, avec quelques *rejets,* n'est ni trop lourd ni trop léger. C'est ainsi que Molière l'a compris, et l'on peut s'en rapporter à lui, — ce nous semble.

En ces vers on chanta : Heros qui de la Grece
Guiderent en Colchos la fleur de la ieunesse
Dans la parlante Nef, quand le preux fils d'Æson,
Mais desloyal amant, emporta la toyson.
On peut le Sonnet dire vne chanson petite :
Fors qu'en quatorze vers tousiours on le limite :
Et l'Ode et la Chanson peuuent tout librement
Courir par le chemin d'vn bel entendement.
La chanson amoureuse, affable et naturelle
Sans sentir rien de l'Art, comme vne villanelle,
Marche parmy le peuple, aux danses, aux festins,
Et raconte aux carfours les gestes des mutins :
L'Ode d'vn graue pied, plus nombreuse et pressee
Aux dames et seigneurs par toy soit addressee :
De mots beaus et choisis tu la façonneras,
De mile belles fleurs tu la couronneras :
D'ornemens, de couleurs, de peintures brunies,
En leurs deiectemens egalement vnies.
En cent sortes de vers tu la peux varier :
Mais tousiours aux accords du Luth la marier :
Et que chacun couplet r'entre de telle sorte,
Que quelque mot poignant en sa fin il rapporte
Sentant son Epigramme, et tellement soit ioint
Qu'au lecteur il semble estre acomply de tout point.
Si d'vne fiction d'vn long discours tu causes,
Tu pourras diuiser cette longueur en pauses,
Ou par les plis tournez des Odes du Sonneur,

Qui Grec sur les neuf Grecs lyriques eut l'honneur.
Mais rien n'est si plaisant que la courte Odelette
Pleine de ieu d'amour, douce et mignardelette :
Si tu veux du sçauoir philosophe y mesler,
Par la Muse il le faut à ton aide appeler,
A toy mesme asseruant la douce Polimnie,
Autrement sa faueur, depite, elle denie,
Et non l'assuiettir aux mots sentencieux
Sans qu'elle sente vn peu son air capricieux,
Sur quelque fantasie éleué (par la grace
De contes fabuleux) dessus la prose basse.
La Muse sur le Luth pour suiet fist ioüer
Et les Dieux et les Rois, et leurs mignons loüer,
Les ioustes des combats, la ieunesse s'aymante
A picquer les cheuaux sous la bride ecumante ;
Les ballets et le vin, les danses, les banquets
Et des ieunes amants les amoureux caquets.
Mais auec son fredon, or la Lyre cornue
En la France est autant qu'en la Grece connue :
Et nul vulgaire encor n'a iamais entrepris
De vouloir par sus elle en emporter le pris.
Car depuis que Ronsard eut amené les modes
Du Tour et du Retour et du Repos des Odes,
Imitant la pauane ou du Roy le grand bal,
Le Francois n'eut depuis en l'Europe d'égal :
D'Elbene le premier cette lyre ancienne
A l'enui des Francois fait ore Italienne.

En ce genre sur tous proposer tu te dois
L'inimitable main de Pindare Gregois,
Et du Harpeur Latin, et t'esiouir et rire
Et sur la Téïenne et la Saphique lyre.
Le but de Galien c'est garder de mourir
Le malade qu'il veut par drogues secourir :
Le but de Ciceron c'est de bien faire croire
Par ses viues raisons, son fait comme vne histoire.
Mais quand et l'vn et l'autre à ce but n'atteindroit,
Le nom de medecin Galien ne perdroit
Ni Ciceron son tiltre : à raison que procede
Le mal souuent d'vn point qui n'a point de remede :
Et qu'aussi d'vn procez l'entremeslé defaut
Empesche qu'on ne soit entendu comme il faut :
Mais sans donner plaisir son nom perd vn Homere ;
Il deuient de Poëte vne laide Chimere.
C'est le but, c'est la fin des vers que resiouir :
Les Muses autrement ne les veulent ouir.
Les Peintres sont ainsi peignants la Madelene,
Pleurante, ils la feront ressembler vne Helene,
Nonchalante, agreable, ouurant de tous costez,
En son rauissement vn thresor de beautez.
Ce qui fist sembler beaus à la Grece ancienne
Et les vers et les chants de Saphon Lesbienne,
C'est qu'ils parloient tousiours de mile faits plaisans,
Des ombrages, des prez, des oyseaux degoisans,
Des épesses forests, des sources gazouillardes,

Roullant sur le grauois leurs ondes babillardes,
Des Hesperides Sœurs, de leurs iardins encor,
Où le dragon vueillant gardoit les pommes d'or :
Des Nimphes, de leur bal, des danses mesurees
Qu'elles branloient en rond sur les tardes serees,
De mile autres plaisirs qui tous delicieux
Sont, sans les regarder, agreables aux yeux :
Semblables au Printemps, dont les fleurs aurilleres,
Bigarrant vn iardin, promtes et iournalieres,
Vous plaisent sans penser aux bons fruicts de l'Esté,
Tant vous est à propos ce plaisir presenté :
Sans fruict ainsi vous plaist vne rose nouuelle,
Et le baiser sans fruict qu'on prend d'vne pucelle.
  Puis des vers le Genie estant du Ciel venu,
Pour celeste plustost que terrestre est tenu.
Car encor que la perle Indienne et gemmeuse
Naisse dedans le nacre en la mer escumeuse,
Toutesfois elle tient plus du Ciel que de l'eau,
Aprochant en couleur de son visage beau :
Aussi l'esprit conduit par la Muse diuine,
Despend plustot du Ciel dont il prend origine
Que non pas de la terre où son corps est viuant,
Ainsi que le Soucy son beau Soleil suiuant.
  C'est pourquoy des beaus vers la ioyeuse alegresse
Nous conduit aux vertus d'vne plaisante addresse,
Et pourquoy Dieu se prie aux Temples en chantant
Et d'vn cœur réioui, plustost qu'en lamentant.

Ie sçay bien toutesfois que profiter et plaire,
Comme ailleurs ie diray, est le seul exemplaire
De la perfection ; mais tousiours si faut il
Qu'on trouue quelque chose au profit de gentil :
Chasteau-vieux bouffonnant pour gosser et pour rire
Ne laisse à profiter et plaire en son medire.

Des gemmes que l'on trouue aux riuages Indois,
I'estime tousiours celle estre de plus grand chois,
Qui non seulement belle en couleur variante
Sçait réiouir les yeux, agreable et riante,
Mais qui sçait à des maux remedes aporter,
Et par vertu secrete vn esprit conforter :
Ainsi des Muses est la chanson souueraine
Qui n'a pas seulement la voix belle et sereine,
La parole plaisante et l'air delicieux,
Mais qui scait d'auantage enchasser precieux
Le diamant en l'or ; tirant auec delices
Par ses enseignemens vn homme de ses vices.

Si quelqu'vn deuant vous, si quelqu'vn puis apres
Imite en mesme endroit les Latins et les Grecs,
Vous rencontrant ensemble, il ne faut par enuie
Ni par depit laisser l'œuure non poursuiuie :
Les Autheurs sont communs ; tels les imiteront
Qui mieux que les premiers les representeront :
Qui va mesme chemin et fait mesme voyage,
Quelquefois se rencontre en vn mesme passage.

Comme tout peintre n'est parfait en châque part

De tout ce que requiert la regle de son art :
Mais l'vn en simples traits tant seulement charbonne,
L'autre sait porfiler l'ombre d'vne personne :
L'vn des membres fait bien vn raccourcissement,
L'autre sçait de couleurs faire vn rehaussement :
L'vn peindra seulement des grands dieux les images,
Et l'autre au naturel contrefait les visages :
L'vn sçait bien les couleurs subtil entremesler,
Et l'autre en Symmetrie aussi tout egaller :
Des Poëtes ainsi, l'vn fait vn Epigrame
L'autre vne Ode, vn Sonnet, en l'honneur d'vne dame,
L'vn vne Comedie, et l'autre d'vn ton haut,
Tragique fait armer le royal echafaut ;
L'vn fait vne Satyre, et l'autre vne Idillie,
Qui iusque aux petits chants des Pasteurs s'humillie,
Et peu, qui sont bien peu, la trompette entonnant,
Font bruire d'vn rebat l'air au tour resonnant.
Mais comme auec Apelle on loüe vn Timagore,
Protogene, Zeusis, Timante, Apollodore,
Parrasse et Pollignot, peignants diuersement :
Homere seul ainsi, ni Maron seulement
N'ont gaigné le Laurier : De cette branche on pare
Comme eux, Catule, Horace, Hesiode et Pindare :
Aussi pour le suiet des premiers ne traitter,
On ne doit de leur rang les seconds reietter :
Chacun en son espece a part à la Couronne
De l'arbre Delphien, qui leurs chefs enuironne.

Mais celuy qui ne peut garder l'ordre diuers,
Et les couleurs de l'œuure en escriuant des vers,
Et donner son vray iour à l'argument qu'il traite,
Ne meritera point qu'on l'appelle Poëte.
Pourquoy veut il honteux, ignorant demeurer,
Plus tost qu'en aprenant, plus hardy s'asseurer?
Par vn Tragicque vers ne peut estre traitee
Vne chose Comique, ains bassement contee :
Et ne faut reciter en vers priuez et bas
De Thieste sanglant le plorable trespas.
Chacune chose doit en sa naïfue grace
Retenir proprement sa naturelle place :
Si l'Art on n'accommode à la Nature, en vain
Se trauaille de plaire en ses vers l'escriuain :
Neanmoins quelquefois de voix vn peu hardie
S'eleue en son couroux la basse Comedie :
Et d'vne bouche enflee on voit souuentefois
Chremes se depiter en éleuant sa voix;
Le Tragicque souuent de bouche humble et petite,
Bassement sa complainte aux échaffauts recite.
Quand Telephe et Pelé banis et caimandans
S'efforcent d'émouuoir le cœur des regardans,
Et Ragot belittrant, vn Euesque importune,
Il a des mots piteux propres à sa fortune;
Tous laissent les gros mots empoulez et venteux,
Comme mal conuenant aux banis souffretteux.
Non, ce n'est pas assez de faire vn bel ouurage,

Il faut qu'en tous endroits doux en soit le langage,
Et que de l'écouteur il sçache le desir,
Le cœur et le vouloir tirer à son plaisir;
Montre face riante en voulant que l'on rie;
Pour nous rendre marris, montre la nous marrie;
Si tu veux que ie pleure, il faut premierement
Que tu pleures et puis ie plaindray ton tourment.
Ragot, si tu venois en priere caimande,
Me faire, trop hautain, vne sotte demande,
Ie me rirois, ou bien tu n'aurois rien de moy;
Vn doux parler est propre aux hommes tels que toy,
Aux hommes furieux paroles furieuses,
Lasciues aux lascifs, et aux ioyeux ioyeuses,
Et le sage propos et le graue discours
A quiconque a passé de ieunesse le cours:
Car Nature premier dedans nous a formee
L'impression de tout pour la rendre exprimee
Par le parler aprés; et selon l'accident
Elle nous aide, ou met en vn mal euident,
Ou d'angoisse le cœur si durement nous serre,
Qu'elle nous fait souuent pamez tomber à terre,
Et decouurir apres d'vn parler indiscret,
Aueuglez de fureur, de nos cœurs le secret.
Il faut que la personne, à propos discourante,
Suiue sa passion pour estre bien disante.
Si le graue langage à celuy qui le tient,
Selon sa qualité, peu seant n'appartient,

La noblesse Françoise et le bas populace
Se pasmeront de rire en voyant son audace.
Grand' difference y a faire vn maistre parler,
Ou Dauus qui ne doit au maistre s'égaller,
Ou le bon Pantalon, ou Zany dont Ganasse
Nous a representé la façon et la grace :
Ou le sage vieillard, ou le garçon bouillant
Au mestier de l'amour et des armes veillant :
Ou bien faire parler vne dame sçauante,
Ou la simple nourrice, ou la ieune seruante,
Ou celuy qui la pleine en sillons va trenchant,
Ou bien de port en port vagabond le marchant ;
L'Allemand, le Souisse, ou bien quelque habile homme
Qui n'est point amendé de voyager à Rome,
Ou celuy qui nourri dans l'Espagne sera,
Ou celuy qui d'Italle en France passera.
Toy qui, sçauant, escris d'vne plume estimee
Au plus pres suy cela que tient la renommee :
Ou bien des choses fein conuenantes si bien,
Que de non vray-semblable en elles n'y ait rien.
Si tu descris d'Achille, honoré par Homere,
Les faits et la valeur, l'ardeur et la colere,
Fay le brusque et hautain, actif et conuoiteux,
Ardant, impitoyable, inuaincu depiteux,
Ne confessant iamais que les loix engrauees
Pour luy soient en du cuyure es tables eleuees,
Mais voulant par le fer, poussé de son dedain

Soumettre toute chose à son pouuoir hautain.
Descris vne Medee, indomtable et cruelle,
Inon toute epleuree, Ixion infidelle,
Oreste furieux, Ion vagabondant
De son dieu rauisseur le secours attendant.
Si tu veux sur le ieu de nouueau mettre en veüe,
Vne personne encor en la Scene inconneüe,
Telle iusqu'à la fin tu la dois maintenir
Que tu l'as au premier fait parler et venir (1).
Mais il est malaisé de bien proprement dire
Ce qu'on n'a point encor veu par vn autre escrire :
Pour ce plus seurement tu pourras imiter
L'Aueugle clair voyant, qu'vn suiet inuenter
(Qui n'ait point esté dit) de choses inouyes,
Rendant sans aucun fruict des fleurs epanouyes.
Ou bien si d'vne Histoire vn grand Prince fameux
Tu veux faire floter sur les flots ecumeux,
Faire tu le pourras, et, Chrestien, son nauire
Hors des bancs perilleux et des ecueils conduire :
Aussi bien en ce temps, ouir parler des dieux
En vne Poësie est souuent odieux.
Des siecles le retour et les saisons changees
Souuent soubz d'autres loix ont les Muses rangees.

(1) Boileau a dit, *avec la netteté du 17e siècle :*
D'un nouveau Personnage inventez-vous l'idée ?
Qu'en tout avec soi-mesme il se montre d'accord,
Et qu'il soit jusqu'au bout tel qu'on l'a vû d'abord.
Art. Poét., ch. 3.

Tasso, qui de nouueau dans Solyme a conduit
Le deuot Godefroy, qu'vne grand' troupe suit,
Certaine preuue en fait; mais vn suiet semblable
Il te faut imiter sur vne vieille fable,
Et pour n'estre dedit, il faut bien aduertir
De prendre vn argument *où l'on puisse mentir* :
Le vers du vray-semblable aime vne conterie,
Qui plustost que le vray suit vne menterie.
Si d'vne longue alaine vn bel œuure tu veux
Parfaire pour passer iusqu'aux derniers neueux,
Chante d'vn air moyen, non tel que l'Heroïque,
Ni si bas descendant que le vers Bucolique,
Mais qui de l'vn et l'autre vn vers enlassera,
Qui tantost s'éleuant, tantost s'abbaissera :
Tel que du grand Maron le doux plaisant ouurage,
Qu'imitant Hesiode il fist du labourage :
Et que celuy d'Ouide ayant par les retours
De l'an, chanté l'honneur de leurs chommables iours :
Et tel qu'apres Pontan en nostre langue encores
Auoit bien commencé Baïf aux Meteores :
Tel que de Saintemarthe est cet œuure diuin
Qu'il a fait sur le Clain au bel air Poiteuin,
Quand Latin et François imitant la Nature,
Il chante des enfans la chere nourriture,
Et tel qu'apres Arat Manile chante ainsi
Les Estoiles du Ciel, leurs figures aussi :
Tel qu'apres Empedocle, ô Lucrece, tu oses

Chanter d'vn air pareil la Nature des choses.
  Premier souuienne toy, par vn humble recours,
De la toute puissance inuoquer le secours
Soubs quelque nom diuin, puis de trop d'abondance,
Garde toy de la Muse enfraindre l'ordonnance,
Enfillant tes propos si Poëtiquement
Qu'ils ne sentent grossiers la Prose aucunement :
Et ne mets nul suiet, nul conte, nulle histoire,
Qui dans le cabinet des filles de memoire
Ne puisse bien entrer : de peur de cette erreur,
Rends au bon iugement suiette ta fureur:
A quoy te seruiront mile chose chantees
Par les Grecs, dudepuis des Romains imitees.
  Les argumẽs connus aux Poëmes ouuers
Comme tiens se liront estre tes propres vers,
Si tout tu ne veux point t'embrouiller à la suite
De l'ample et du vil tour de la matiere escrite.
Pour ce tu ne doibs point, mot pour mot t'arrester,
A vouloir vn suiet fidelle interpreter :
Car on ne doit iamais, lorsque libre on imite,
De son gré s'engager en place trop petite :
La honte d'en sortir nous viendroit empescher,
Et la loy de l'ouurage ensemble d'y toucher.
Qui veut trop curieux vne langue traduire
Veut la langue estrangere et la sienne destruire :
Ce qui proprement est au langage ancien
Il le faut proprement dire au langage sien.

Pourtant ie ne veux pas à nos François deffendre
De ne traduire plus, et fidellement rendre
Le Grec et le Latin : quiconque aura cet heur
De rapporter au vray le sens d'vn vieil autheur,
Profite à la ieunesse en la langue suiuante
Qui sans Grec et Latin sera tousiours sçauante :
Salel, premier ainsi, du grand François conduit,
Beaucoup de l'Iliade a doucement traduit,
Et *Iamin* bien disant l'a tellement refaite
Qu'à l'autheur ne fait tort vn si bon interprete :
Long temps auparauant le bon *Octauien*
De Saintgilais fist voir le preux Dardanien
En habit de François : et depuis *des Mazures*
Le fist marcher encor soubs plus douces mesures.
Mais nos deux *Cheualiers* doctes freres ont ioint
Leurs esprits, et l'ont mis encores mieux en point :
Et pour estre François, Apolon mesme auoue
Qu'en eux se reconnoist le Cigne de Mantoue :
Qu'ainsi puissions nous voir tous autres vers chantez
Auecques la trompette en France interpretez.
Ie voudrois bien aussi quelquefois variable
Rendre nostre François au Latin mariable,
Et suiure en traduisant nostre langue sur tout :
Mais ô mechef ! souuent nous n'allons iusque au bout
De la course arrestee, et recullons arriere
Deuant qu'auoir attaint le but de la carriere.
Car les vns retirez par leurs empeschements,

Les autres détournez par fouls débauchements
Abandonnent les vers : Mais bien peu par addresse
Fendent l'empeschement, comme on fend vne presse
De gens en vn passage : et l'ayant renuersé,
Le chemin d'ignorance est bien tost trauersé.
Comme pour s'esiouir de voir briller la flame
Des rais d'vn beau Soleil par les yeux d'vne dame
Qui soit auecques nous : nous ne pouuons pas voir
Que l'Amour ait sur nous encor aucun pouuoir :
Car à tous est commun de sentir quelque ioye
Quand vn œil amoureux ses regards nous enuoye ;
Puis elongnez de luy la flame s'amortit
Aussi tost qu'autre part son œil on diuertit.
Mais ne le voyant plus, et porter dedans l'ame
Le trait de la beauté qui nostre cœur entame,
De ce triste depart tousiours s'entretenir,
Ne paissant nos esprits que de son souuenir,
C'est d'Amour qui commence vne enseigne certaine,
Qui porte en son drapeau pourtraite nostre peine,
Qui nous pousse à reuoir ce bel œil messager
D'Amour, qui s'est venu dans nostre ame loger :
Aussi pour voir plusieurs s'esiouir et se plaire
Aupres du saint troupeau des neuf Muses, et faire
Mille sortes de vers, ce n'est pour asseurer
Qu'ils pourront amoureux des neuf Sœurs demeurer :
Aux affaires tirez, aux vers plus ils ne pensent,
Et de suiure la Muse oublieux se dispensent :

Mais celuy qui vrayment sent l'éguillon picqueur
Des Muses iusqu'au vif luy chatouiller le cœur,
Il fait doux et modeste, amoureux ses caresses,
Courtisant par ses vers ses sçauantes maistresses :
Puis s'il en est distrait, aux affaires tiré,
On le verra fascheux, bruslant et martiré
De toute autre entreprise : Impatient encore
De se voir absenté, de l'amour qui deuore
Son esprit eslongné des Sœurs et d'Apolon,
Oubliant ses amis : dépiteux et felon,
Iusques à tant qu'il soit de retour auec elles :
Tant le point le desir de ses doctes pucelles,
Tant il se tient heureux en son loisir dequoy
Il peut viure seulet comme elles à recoy,
Sçachant pour en iouir prendre l'heure opportune,
Aidé de la science et non de la fortune.
Car bien qu'vn bon Pilote aborde par hasard
Aussi tost à bon port, comme il fait par son art,
Et qu'vn grand Capitaine aussi tost mette en fuite
L'ennemy par hasard comme il fait par conduite :
Toutefois la fortune aux arts ne sert de rien,
Sinon qu'elle seruit à ce Peintre ancien
Lequel ayant tiré de main presque animante
Vn cheual furieux à la bouche ecumante,
Il n'en put onc l'écume au vif representer :
Ce qui le fist cent fois à la fin depiter :
Et iettant dédaigneux son éponge souillee,

(Et de toutes couleurs du pinceau barbouillee)
Au mords de son coursier, le dedain par hasart
Fist ce que le pinceau ne peut faire par art.
Mais le beau iugement à l'art conioint, assemble
Vne perfection qui les vnit ensemble.
De ce beau iugement vn exemple se voit,
Quand Polignot, Scopas, et Diocle (qu'on croit
Trois peintres excellens auoir des leur bas aage
Payé soubs Apellès le droit de l'écollage)
Entreprindrent chacun de tirer curieux
Le Roy borgne Antigone, à qui feroit le mieux.
Polignot lors estant à son art tout fidelle,
Bien qu'il sceust que le Roy portast haine mortelle
A ceux qui se moquoient de son œil arraché,
Toutefois sans respect de l'en rendre fasché,
Marchant par le chemin aux peintres ordinaire,
Le Roy borgne et hideux au vray va contrefaire :
De sorte qu'il sembloit auec son œil osté,
Estre en l'image mort mieux qu'au vif rapporté.
Mais Scopas plus craintif n'ayant pas osé peindre
Le Roy tel qu'il estoit : ni ne voulant enfraindre
Les regles de son Art, il le peignit moins vieux,
Tel qu'il estoit alors qu'il auoit ses deux yeux :
Son pinceau deslié rapportoit chose vraye,
Antigone n'ayant encor receu la playe
Qui luy fist perdre l'œil. Ce pourtrait bien tiré
Semblable à ceux du temps, fut de tous admiré.

Scopas par ce moyen se pensa digne d'estre
De ses deux compagnons le premier et le maistre,
Pouuant se conseruer en la grace du Roy,
Auecques le renom que l'Art tire apres soy.
Mais Diocle d'ailleurs desseignant mesme chose
Que Polignot faisoit, en l'ame se propose
Les respects qui rendoient Scopas aussi douteux,
Ne voulant se iouer à ce prince airêteux,
Ni suiure de son Art le plus commun vsage,
Ni trop flater le Roy par vn lasche courage :
Ains suiuant du moyen le sentier asseuré,
Auecques vn espoir du laurier esperé,
Il peignit en profil d'Antigone la face,
Dont le tableau couuroit, d'ombre de bonne grace,
Vne part du visage : et son œil emporté
En droite ligne estoit couuert de ce costé,
Tant qu'auecques bien peu de soigneux artifice,
En l'ombre se cachoit de son œil tout le vice :
Et l'outreplus si bien le Roy representoit,
Que le Roy si semblable à luy mesme n'estoit.
Quand au iour arresté les trois se rencontrerent,
Et leurs tableaux au Roy chacun à part montrerent :
Le Roy voyant celuy de Polignot, soudain
Conceut en son esprit vn superbe dedain,
Pensant lors receuoir vn affront, vn outrage
De se voir peint ainsi d'vn si hideux visage,
Des l'heure le faisant hors de sa Court chasser,

Et hors de son Royaume vn autre endroit passer.
Par ce que la prudence il auoit par enuie,
A son art glorieux trop malin asseruie :
Art dont il haussoit plus la basse qualité
Que de l'honneur Royal la haute dignité.
Le tableau de Scopas à tous fut agreable
Pour raporter au vray cet aage fauorable
Auquel fut Antigone au beau May de ses ans,
Ayant encor ses yeux amoureux et plaisans :
Toutefois au visage vne rougeur luy monte,
Qui naturelle fait qu'il semble qu'il ait honte
D'auoir esté trompé par le pinceau menteur,
Qui trop ieune l'a fait dans son tableau flateur :
La façon de flater est douce et delicate
Quand point elle n'importe à celuy que l'on flate :
Mais celle la despleut à sa simple bonté,
Et le voulut chasser comme vn homme ehonté.
A l'heure Diocles son tableau luy presente
Qui des le premier front tout le monde contente :
Et sur tous Antigone en fut fort satisfait :
Luy mesme remarquant le iugement parfait
De ce peintre modeste, ayant plustost laissee
La grandeur de son art par sa gloire abaissee
Que de manquer prudent à l'auis temperé,
Qui de l'extremité rend l'erreur moderé,
Et pour ne sembler pas aimer la courtoisie
Qui par vn noble choix des nobles est choisie.

De sorte que voyant le defaut du pourtrait
Du visage en profil en epargne retrait,
Il sembloit qu'à dessein cette petite espace
Plustost qu'vne plus grande adioutast de la grace
A ce que cachoit l'ombre : et le Roy de costé
Mieux que parlant estoit muet representé.
Antigone depuis luy fist de l'auantage,
Autant que meritoit le prix de cet ouurage,
Et luy fist reconnoistre en prenant le tableau
Qu'il payoit son esprit plustost que son pinceau (1).
Beaus esprits pensez y, vostre Muse auertie
Ne soit doncques si fort à l'Art assuiettie
Que le bon iugement ne face election
De tout ce qui depend de la discretion :
Donnez puissance egalle aux mœurs, au tems, aux Muses,
Sans pourtant tromper l'Art de quelques fausses ruses.
Quand vous voudrez les Roys à vos chants amuser,
De paroles de soye il faut touiours vser (2) :
Et sans les flater trop d'vne ame trop mauuaise,
Leur *ombrager le vray* par chose qui leur plaise,
Sans pourtant offusquer du tout la verité :
Mais leur faire à propos paroistre sa clarté.

(1) Admirable vers. Vauquelin a quelquefois le bon sens de Boileau et la finesse de Molière... Mais (qu'on ne s'y trompe pas pourtant), il n'eût pu suppléer Malherbe. Vauquelin n'est qu'un magnifique trait-d'union entre Ronsard et Malherbe, ou plutôt entre le XVIe et le XVIIe siècle. Qu'on juge par là de la valeur de Malherbe. Ce grand homme n'a pas été mis à sa place.

(2) Aujourd'hui nous disons : gazer, velouter une pensée.

Vous en aurez ainsi de l'honneur sans dommage,
Et vostre iugement fera que davantage
Vous tirerez profit de cet Art, où souuent
Les scauants indiscrets *n'emportent que du vent.*
Ie ne fay point du Ciel vn Apolon descendre
Pour faire ce bel Art mieux par sa bouche entendre
Et donner à mes vers plus grande auctorité
Suiuant des vieux autheurs la docte antiquité :
De peur d'estre semblable à ces bouffons tragiques
Qui vestus de drap d'or pompeux et magnifiques,
Ouuroient la bouche grande vn Priam imitant,
Ou le Roy des Gregois enflez representant,
Puis disoient quelque chose indigne d'estre à peine
Ou dite par Hecube ou dite par Helene :
Mais sans deguisement, sans le masque d'autruy,
Ces Preceptes ie mets comme on parle auiourdhuy,
Marri que n'est ma Muse et plus nette et polie,
Sans geindre soubs le fais de la melancolie :
Plus nette elle seroit si les criarts tabus
Du Palais (1) ne m'auoient separé de Phœbus.
Car pour neant aux vers mes esprits s'euertuent :
Ie suis tousiours troublé : les affaires me tuent :
Ie suis comme vn grand lac où beaucoup vont à l'eau,

(1) Vauquelin était Conseiller du roy, et President au Bailliage et Siege Presidial de Caen. Il était trop consciencieux pour donner à Phébus-Apollon le temps qu'il devait aux affaires de sa charge. « Les affaires me tuent, » dit-il plus loin. — Voy. aussi la Préface.

Qui tarissent ma source et troublent mon ruisseau.
Il faut laisser r'asseoir cette eau tant epaissie :
C'est assez iusqu'à tant qu'elle soit eclairsie.

FIN DV I. LIVRE.

L'ART POETIQVE FRANCOIS

OU L'ON PEVT REMARQVER LA PERFECTION ET LE DEFAVT DES ANCIENNES ET DES MODERNES POESIES

AV ROY

Par le sieur DE LA FRESNAIE VAVQVELIN

L'ART

POETIQVE

FRANCOIS

OU L'ON PEVT REMARQVER LA PERFECTION ET LE DEFAVT DES ANCIENNES ET DES MODERNES POESIES

AV ROY

Par le sieur DE LA FRESNAIE VAVQVELIN

LIVRE SECOND

MVSES, filles de dieu, qui tous les Arts sçauez,
Le reste de cet Art, Nimphettes, acheuez :
Montrez moy le chemin par lequel il me loise
Conduire seurement la ieunesse Gauloise :
Quitez, Vierges, quitez le mont de Citheron,
Habitez des François le plaisant enuiron,

Et faites que les eaux d'Hipocrene chantantes,
Aprennent leurs chansons à nos eaux ecoutantes :
Donnez moy de l'esprit la reluisante ardeur,
Que la grace Aglaïe accorde à la verdeur
De Thalie, agreable en sa ieunesse blonde,
Faites que la gayeté d'Euphrosine responde
Auecques la douceur de sa ioyeuse vois,
Et qu'vn plaisir parfait ie recoiue des trois.
 Faites que vostre grace, ô riantes Charites,
Couure ici le defaut de ces Regles escrites
En vers mal agencez : et vous, Phœbus, ostez
Les cailloux des chemins, qui sont mal rabotez :
Marchez deuant, afin que ces masses rocheuses
Rendent suiuant vos pas les sentes moins facheuses.
 SIRE, qui sçauez faire vn saint accouplement
Des neuf filles du Ciel, (diuin assemblement !)
Et des Graces ensemble : aportez vostre grace,
Qui ces filles du Ciel et les Charites passe :
Il est fort mal aisé les Muses bien gouster,
Qui ne sçait, attentif, leurs beaus chants ecouter :
De bien loin on ne peut la hauteur reconnoistre
Des hauts monts que l'on voit seulement aparoistre :
Mais en les aprochant on tient pour merueilleux
De grimper sans danger sur leur dos orgueilleux :
Et puis on s'esbahit quand quelque sente estroitte
Nous conduit au plus haut de la montaigne droitte :
On ne regarde aussi combien sont les espris

Des Poëtes hautains en leurs faits entrepris,
Comme ils sont esleuez sur toute chose humaine,
Si soymesme on ne veut entrer en leur doumaine
Et contempler de pres leurs diuines façons,
En l'antre Thespien imitant leurs chansons :
Et puis on s'esbahit que pas à pas on gaigne
Au haut sommet cornu de la double montaigne.
Comme l'Emant le fer, et l'Ambre le festu
Attire sans effort, par secrete vertu :
La Muse attire ainsi, sans force violente,
Par vn secret instinc, à soy l'ame excellente ;
Quasi des le berceau tout bel entendement
Met à suiure ses pas tout son contentement.
L'Auette, pour aimer la douceur sauoureuse,
De toute plante douce est tousiours amoureuse :
L'homme aussi de luymesme estant ingenieux
Aime, embrasse et cherit tout œuure industrieux.
C'est pourquoy l'enfançon de sa nature en haste
Prendra plustost qu'vn pain vn oiselet de paste,
Et quand on luy presente vn pourtrait, vn belet
En argent imprimé, l'argent luy semble laid
Qui n'est qu'en simple masse : il aime vne meslange
Qui la chose suiette à l'artifice range.
Ce qu'on voit de gentil et d'artificieux,
De nature est à l'homme aimable et precieux :
Les paroles ainsi des Muses animees
Sont naturellement de tous hommes aimees :

Ils aiment beaucoup plus vn parler mesuré
Que celuy qui sans-pieds marche mal asseuré :
De fait les Muses sont l'Ocean, dont les ondes
Arrousent nos esprits de sciences profondes.
Et ne faut pour y voir des discours mensongers
Croire qu'y voyageant s'y trouue des dangers.
Comme en la vigne on void dessoubs la feuille verte
La grappe cramoisie estre souuent couuerte
Sans qu'on la puisse voir : ainsi soubs les discours
D'vn conte Poëtique et dessoubs les amours
Des Heros et des Dieux, entremeslez de fables,
Sont des enseignemens richement profitables.
Souuent nous nous plaisons à l'odeur, aux couleurs,
Sans chercher les vertus des odorantes fleurs.
L'abeille toutefois en tirera sacree
La cire et la liqueur dont son œuure est sucree :
De mesme on voit plusieurs s'abuser aux beautez
Des parolles qui sont pleines de nouueautez :
Mais d'autres n'arrestant aux paroles fleuries,
Recueillent le beau sens couuert d'allegories.
De feuillage d'Acante et de plaisans festons,
Les Muses cachent l'or des vers que nous chantons.
Mais rentrons au chemin de la forest sacree,
Où parmi les lauriers la Muse se recree
A rendre des Heros les beaus faits immortels,
Et disons comme on doit chanter en œuure tels.
Pour vn commencement tu n'enfleras ta veine,

Comme fist vn Ciclic, d'vne trop forte aleine :
« De Priam les destins hautain ie veux chanter,
» Ses valeureux exploits, et ses guerres conter. »
Ou comme a fait celuy, qui tout plein de brauade,
Voulut du premier mot router vne Illiade :
« Ie chante les combats de ce grand Pharamont,
» Qui les Gaules iadis bouluersa contremont. »
Que pourrait aporter ce prometteur qui dresse
L'aisle si haut, qui fust digne de sa promesse?
Les montaignes s'enflant, grosses accoucheront,
Vne mouche en naistra dont les gens se riront!
O combien mieux a dit d'Vlisse la trompette,
Qui rien messeamment en ses œuures ne traitte!
« Muse, di moy celuy qui tant a voyagé
» Apres Ilion pris et son mur saccagé :
» Pratiqué tant de mœurs et tant d'ames diuerses,
» Et tant souffert de maux dessus les ondes perses! »
Ou bien nostre Ronsard, si d'vn air entonné
Hautement sa trompette *en long vers* eust sonné :
» Abusé du plaisir qui trompe la ieunesse (1),
» Seruiteur des beaus yeux d'vne ieune maistresse,
» En vain i'ay souspiré les amours bassement :
» Puis renforçant ma voix vn peu plus hautement,
» Le premier des Francois i'ay façonné les modes
» De marier la lyre au nouveau son des Odes :

(1) Critique de Ronsard, qui a adopté le vers décasyllabique dans sa *Franciade*. — Voy. l'Introduction.

» Maintenant, plus hautain, Charles Roy treschrestien,
» Ie chante les valeurs et les faits du Troyen,
» Qui poussé du destin, des dieux et de Cassandre,
» Fuitif de son pays quand Troye fut en cendre,
» Ayant beaucoup souffert et par terre et par mer
» Vint de son nom Francus la France surnommer :
» De qui de pere en fils nos Roys ont pris naissance,
» Et qui nous raportant vne autre Troye en France
» Fonda pour Ilion la cité de Paris
» Et l'enrichit du nom de son oncle Paris
» Apres mile combats. Tant il y eut de peine
» Avant que de l'enclorre entre les bras de Seine,
» Où l'empire d'Europe ebranlé tant de fois
» Deuoit à tout iamais y demeurer François.
» Filles de Iupiter, Muses, venez moy dire
» Si ce fut par fortune, ou si ce fut par l'ire
» D'vn dieu trop courroucé que Francus a esté
» Si loin du bord Gaulois tant de fois reieté ? »
Et s'il m'estoit permis d'aleguer de ma rime,
Peut estre ie pourroy me mettre en quelque estime
En l'ouurage que i'ay des long temps auancé,
Autant qu'autre qui soit en France commencé.
« Inspiré de l'esprit qui, diuin, tout inspire (1),
» Muse, fay moy chanter sur la celeste lire,
» Les faits et la valeur du magnanime Hebrieu,
» Qui berger fut choisi par le conseil de Dieu,

(1) L'*Israelide*. — Voy. l'Introduction.

» Flouet, ieune et cadet d'vne maison petite,
» Pour estre l'oinct sacré du peuple Israëlite,
» Et qui, suiuant de Dieu les eternels destins,
» Du Royaume promis chassa les Palestins,
» Chassa l'Ammonien et soustint la colere
» De Saül enuieux sur son regne prospere :
» Par bois et par forests, par deserts pleins d'horreurs,
» Il souffrit mile maux, fuyant à ses fureurs.
» Car Saül tout ardant de voir sa main puissante
» S'affoiblir par la force en Dauid accroissante,
» Brusloit ouir d'ailleurs le destin predisant
» Que du tronc de Iessé le Sion florissant
» Ombrageroit le monde. Ainsi par mainte guerre
» Il endura beaucoup pour asseurer la terre
» Où il deuoit fonder l'admirable Cité
» Qui aux Peres croyants promise auoit esté.
» Cité qui deuoit estre en son contour assise,
» Pour figurer du CHRIST l'vniuerselle Eglise
» Dont Chrestiens nous venons : et ce nom ancien
» Par dessus tous retient nostre Roy treschrestien
» Henry, soubs lequel puisse Europe, Asie, Afrique,
» Couronner de ce nom du monde la fabrique.
» O parler souverain, dont la Triple-vnité
» Est vne auecques Dieu de toute eternité,
» Ayant en toy parfait vne parfaite essence
» En la perfection de la grand prouindence :
» Qui Pere, Fils, Esprit, es le Dieu tout-puissant,

» Commençant toute chose, aussi la finissant,
» Par ta parole fais, que cette œuure conceue
» De moy soit enfantee à bien heureuse issue.
» Seigneur, raconte moy comme des Cieux amis
» Ce Prince fut esleu pour estre leur commis?
» Pourquoy tant il souffrit pour vn courroux inique,
» Et pour vn feu sorti d'vne flamme impudique?
» Mais pour sonner, Seigneur, tes honneurs bien à plain,
» Cette harpe il faudroit dequoy sur le Iourdain,
» Prophete il fredonnoit tes celestes louanges,
» Qui vont encor bruyant depuis Eufrate et Ganges
» Iusques sur nostre Seine! O bien heureux sonneur,
» Celuy qui du grand Ihoue (1) auroit eu cet honneur
» De retoucher les nerfs de ta harpe seraine,
» Diuin rabaisseroit la gloire plus hautaine
» De ces fameux Harpeurs, dont les fables contoient
» Qu'au mouuoir de leurs doigs les fleuues s'arrestoient,
» Et qu'ils estoient suiuis des arbres et des plantes
» Marchant aux doux accords de leurs voix souspirantes! »
Mais ce n'est nous qu'il faut aux François aleguer,
Il faut en la mer Grecque et Latine voguer,
Amener ses vaisseaux tout chargez de la proye,
Que tant d'esprits trouuoient aux beaus restes de Troye,
Suiuant Virgile ainsi, (quand du suiet plus bas
Passant par le moyen, il chanta les combats :)
« Ce fut moy qui flutay ma chanson bocagere

(1) Jehovah.

» Au pipeau pertuisé d'vne auene legere :
» Puis sortant des forests, apris aux champs voisins
» A doubler au fermier les bleds et les raisins :
» Au laboureur champestre œuure bien agreable.
» Maintenant de la guerre et de Mars effroyable
» Ie chante les combats, et ce Prince guerrier,
» Qui fugitif de Troye aborda le premier
» Aux champs Italiens : auec peine infinie
» Arriuant par destin au port de Lauinie.
» Il passa maints hasards : on ne peut estimer
» Combien dessus la terre et combien sur la mer
» Il endura de maux : de Iunon couroucee
» Et des dieux ennemis sa flote estant poussee :
» Iunon qui dans son cœur la vengeance couuoit
» Des affronts du passé que soufferts elle auoit.
» Aussi de grands perils il courut en Latie,
» Auant que la cité superbe y fust bastie,
» Et qu'il eust mis ses Dieux, par vn fatal destin
» Et par ses grands exploits, dans le terroir Latin
» D'où vint la gent Latine, et d'où tant on renomme
» Et les Peres Albains et les hauts murs de Rome.
» Muse, raconte moy la cause de ces maux,
» Et quel Dieu luy brassa tant de facheux trauaux?
» Pourquoy fut à ce Preux si iuste et debonnaire
» La Princesse des cieux si cruelle et contraire?
» Que de le voir ainsi sur les mers agité
» Peut vn celeste cœur estre tant irrité? »

Voyez comme le Grec rend la Muse estimee
Tirant vne clarté d'vne obscure fumee :
Ne voulant pas aussi la lueur enfumer,
Mais d'vn epais brouillas vne flamme allumer,
Afin qu'il chante apres des choses merueilleuses,
Vn Antiphat, Caribde et Scile perilleuses :
Vn Cyclops qui, cruel, Vlysse eust englouti
S'il ne s'en fust, plus caut que les siens, garanti.
Ainsi le doux Virgile a sa voix abaissee,
Afin qu'elle parust dauantage haussee,
Pour dire de Iunon le couroux tempestueux
Et d'Eole animé les tourbillons venteux,
Vne Troye embrasee, vne Didon pleureuse,
La descente d'AEnee en la cauerne ombreuse
De Pluton où, chetif, il fust lors demeuré
Sans sa guide fidelle et le rameau doré.
Le Grec n'a commencé des l'œuf iumeau, la guerre
Des Troyens et des Grecs : le retour en sa terre
De Diomede aussi, des le fatal trespas
Du faé Maleagre il ne raconta pas.
Et de sorte Maron n'a son œuure ordonnee
Qu'elle commence aussi des l'enfance d'AEnee :
Mais le milieu prenants ils font subtilement
Sçauoir la fin ensemble et le commencement,
Et tendant vers la fin, chacun d'eux rend connues
Les choses qui ne sont et qui sont auenues :
Car ils font au liseur le milieu si bien voir

Que tout le precedent il en peut conceuoir :
S'ils trouuent quelquefois la matiere choisie
Ne pouuoir aisement couler en Poësie
Ils la quittent bien tost, et si vont tellement
Meslant le faux au vray mentant si doucement,
Qu'au premier le milieu se rencontre en la sorte
Qu'au milieu le dernier proprement se raporte.
Or comme eux l'Heroic suiuant le droit sentier
Doit son œuure comprendre au cours d'vn an entier :
Le Tragic, le Comic, dedans vne iournee
Comprend ce que fait l'autre au cours de son annee :
Le Theatre iamais ne doit estre rempli
D'vn argument plus long que d'vn iour accompli :
Et doit vne Iliade en sa haute entreprise
Estre au cercle d'vn an, ou guere plus, comprise.
En Prose tu pourras poëtiser aussi :
Le grand Stragiritain te le permet ainsi.
Si tu veux voir en Prose vne œuure Poëtique,
D'Heliodore voy l'histoire Ethiopique :
Cette Diane encor, qu'vn pasteur Espagnol,
Bergere, mene aux champs auecques le Flageol.
Nos Romans seroient tels, si leur longue matiere
Ils n'alloient deduisant, comme vne histoire entiere.
Comme on void les couleurs beaucoup plus emouuoir
Qu'vn trait simple ne fait ou qu'vn Creon à voir,
Pour vn ie ne scay quoy qui l'homme represente,
Trompant le iugement et toutefois contente :

Ainsi dedans les vers le faux entrelassé
Auec le vray-semblant d'vn conte du passé,
Nous emeut, nous chatouille et nous poind dauantage
Que l'estude qu'on met à polir son ouurage,
Sans faire vne meslange, vne varieté,
Qui ne suit, mensongere, en rien la verité.
Le changement diuers tousiours affectionne,
Selon l'euenement qui le cœur passionne.
Les vers aiment tousiours cette diuersité :
Car le changement tient vn esprit excité
A se passionner, selon que veut le conte,
Soit ioyeux ou facheux que la Muse raconte :
Le plaisir estant plus agreable et plaisant
Que la fin est contraire à l'aduis du lisant :
Mais d'ailleurs ce qu'on void estre simple et semblable
Ne passionne point, pour estre vn et sans fable :
Cela fait qu'vn Homere ou Virgile ne fait
Qu'vn homme soit tousiours ou vainqueur ou parfait.
Et quand ils font les dieux se mesler des affaires,
Heureux et malheureux, doux les font et coleres :
Afin qu'en nulle part ne manque l'action
Qui tient l'homme tendu tousiours en passion.
Ce qui n'aduiendroit pas si les choses heureuses
Ne trouuoient du malheur parmi les dangereuses.
O maistre du grand fils du Macedonien,
Si tes yeux eussent vu du Cigne Ausonien
Les admirables chants, ta voix docte et hardie

Les eust lors preferez à toute Tragedie,
A tous vers Heroïcs : car n'en desplaise aux Grecs,
Soit au commencement, à la fin, au progrés,
Il les a surpassez : et d'Homere il seconde
En âge, en rang il est le premier par le monde.
Il sçait bien à propos l'esprit raui saisir
Tantost d'ennuy facheux et tantost de plaisir,
Quand il chante les faits du debonnaire AEnee,
Pour rendre d'autant plus l'ame passionnee :
Tantost d'vn grand bonheur en malheur l'abaissant,
Et tantost d'vn peril en honneur le haussant :
Aux vices naturels le faisant vn peu tendre,
Mais ferme à la vertu tousiours le fait entendre,
Et sans du vray-semblant du tout se departir,
Il sçait bien les vertus aux vices assortir :
Luy baillant vne grace, vne ame, vne faconde,
Qui luy fait contrefaire à propos tout le monde :
Comme quand il luy fait à Didon raconter
Le piteux sac de Troye, il luy fait emprunter
Les gestes, les discours, la posture et les âges
(Lorsqu'il les fait parler) de plusieurs personnages.
Oy donc ce que le peuple et moy te desirons,
Si tu veux que chacun publie aux enuirons
Du Theatre ta gloire, alors que le murmure
De l'applaudissement et du chant dernier dure :
Soit qu'Homere imitant tu fasses outremer
Derechef Saint Loys en son voyage armer,

Soit que, graue, des Roys, soit que la Muse basse
Te chante en l'échafaut les tours du populace,
Tu dois de chacun âge aux mœurs bien regarder,
La bienseance en tout soigneusement garder,
Et tout ce qui siet bien aux natures changeantes :
L'enfançon qui petit assied fermes ses plantes
Desia dessus la terre, et qui sçait bien parler,
Auecques ses pareils aux ebats veut aller :
Soudain il pleure, il rit, il s'appaise, il chagrine,
D'heure en heure changeant de façon et de mine.
Le ieune gentilhomme à qui le poil ne poind,
Et qui sort hors de page, et de maistre n'a point,
Aime chiens et cheuaux, et loin de son pedante,
A voir apres le Cerf la meute clabaudante :
Aime les champs herbeux et se plaist dans les bois,
D'entendre retentir des bergeres les voix :
Au vice, comme cire, il est ployable et tendre,
Aspre et rude à ceux-la qui le veulent reprendre,
Paresseux à pouruoir à son vtilité,
Despencier, desireux, rempli de vanité :
Qui bien tost est faché de ses folles delices,
Aimant diuers plaisirs et diuers exercices.
Quand il a l'âge d'homme il se veut augmenter,
Acquerir des amis, aux grands estats monter,
Garder le point d'honneur, ne faisant temeraire
Ce qu'il faudroit apres rechanger ou deffaire.
L'âge aporte au vieillard mainte incommodité,

Soit qu'aux acquets il soit ardemment incité,
Soit que son bien acquis il ne veuille despendre
Qu'il aime mieux garder qu'à son dommage vendre,
Soit qu'en toute entreprise il soit timide et froid,
Dilayeur, attendant, riotteux, mal adroit,
Conuoiteux du futur, chagrin plaignant sans cesse,
Loüant le temps passé qu'il estoit en ieunesse :
Seuere repreneur des mœurs des ieunes gens,
Se fachant negligent de les voir negligens :
Plusieurs commoditez l'âge venant ameine,
Et plusieurs quant et luy s'en allant il entraine.
Le ieune est tout conduit de courage et d'espoir,
Esperant riche et grand quelqueiour de se voir :
Au contraire le vieil vit plus de souuenance
Du temps qu'il a passé qu'il ne fait d'esperance.
Pour ce il ne faut iamais qu'vn ieune homme gaillard
Represente en parlant la façon d'vn vieillard,
Ni qu'vn ieune homme aussi son vieillard sente encore,
Ayant tousiours egard à ce qui plus honore
La personne parlante, et ce qui conuient mieux
A l'âge de chacun, ou soit ieune ou soit vieux.
Quand la forest n'est plus en Hiuer cheuelue
Si plaisante elle n'est que quand est fueillue :
Qui diroit son ombrage estre lors verdoyant,
Chacun dementiroit son parler en l'oyant :
Quand vne Dame n'est tout au vray contrefaite
Du sot Peintre on se rit qui l'a si mal pourtraite.

Guidé de iugement rien ne faut ignorer,
Ains clair et net de l'Art les regles honorer :
Celuy qui puisera d'vne source troublee,
De la bourbe mettra dans son œuure assemblee.
Or pour loy le Tragic et le Comic tiendront
Quand aux ieux vne chose en ieu mettre ils voudront
Qu'aux yeux elle sera de tous representee,
Ou bien faite desia, des ioueurs recitee :
Et bien que ce qu'on oit emeuue beaucoup moins,
Que cela dont les yeux sont fidelles tesmoins,
Toutesfois il ne faut lors montrer la personne
Quand la honte ou l'horreur du fait les gens etonne :
Ains il la faut cacher, et par discours prudens
Faut conter aux oyants ce qui s'est fait dedans :
Et ne montrer le mort, aporté sur l'Etage,
Qui caché des rideaux aura receu l'outrage :
Car cela se doit dire : et plusieurs faits ostez
Hors de deuant les yeux sont mieux apres contez.
Et ne faut que Medee inhumaine marathre,
Massacre deuant tous ses enfans au Theatre :
Ou qu'Astree en public impudemment meschant
De son frere ennemi les fils aille trenchant :
Ou que Progne en oiseau deuant tous soit muee,
Ou Cadme en vn serpent : ou Cassandre tuee :
Ou qu'vn monstre en Toreau dans les flots mugissant
Engloutisse Hypolite en son char bondissant :
Ou qu'on montre Antigone en la caue pendue,

Et son amant Hemon lequel aupres se tue :
Tout ce qu'en l'Echafaut tu nous faits voir ainsi,
Faché ie le dedaigne et ne le crois aussi.
Mais le fait raconté d'vne chose aparente
Fait croire le discours de tout ce qu'on inuente.
  Le Comic tout ainsi sur l'Etage fera
Conter ce qu'au couuert l'amoureux fait aura :
Ne descouurant à tous la honteuse besongne
Qu'à Paris on fait voir en l'Hostel de Bourgongne :
Ains sortant vn Cheré ieune, affetté, mignon,
Il dit sa iouissance au loyal compagnon
Que premier il rencontre : et qu'ayant la vesture
Et d'vn Eunuque pris la grace et la posture,
Il a d'vne pucelle, au naturel deduit,
Cueilli la belle fleur, de Iupiter conduit,
Qui, peint en goutes d'or, tomboit comme vne pluye
Dedans le beau giron d'vne fille eblouye
De ce plaisant metal! l'aspec de ce tableau
Rendit plus courageux l'amoureux iouuenceau.
  Quand au commencement, au temps de leurs vendenges,
Que les Grecs celebroient de Bacchus les louenges,
Ils dressoient des autels de gazons verdelets,
Et chantoient à l'entour quelques chants nouuelets :
Puis ioyeux, enuinez, simples et sans malice,
D'vn grand Bouc amené faisant le sacrifice,
Ils le mettoient en ieu trepignant des ergos :
Et ce bouc s'apeloit en leur langue Tragos,

D'où vint premierement le nom de Tragedie :
Et celuy qui chantoit de plus grand melodie
De ce loyer estoit content infiniment :
Ces vers n'estoyent sinon qu'vn gay remerciment
De la bonne vendange, vn los de la sagesse
De Dieu, qui leur donnoit de biens telle largesse.
Mais pour ce que les grands, les Rois et les Tirants
Commencerent depuis, les siecles s'empirants,
D'vsurper la louange aux dieux apartenante,
Il y eut des esprits qui, de Muse sçauante,
Commencerent aussi par leurs vers à montrer
Que l'homme à tous propos peut la mort rencontrer :
Combien de maux diuers sont ioints à nostre vie,
Et d'heur et de malheur egallement suiuie,
Au respect du plaisir, de la felicité,
Qui tousiours est au Ciel, des Dieux seuls habité :
Et pour le faire voir par des preuues certaines
Lors ils ramenteuoient des plus grands capitaines,
Des Princes et des Rois les desastres soudains,
Comme ils estoient tombez de leurs estats hautains
En misere et souffrête : et cela nous fait croire
Que c'est du vers Tragic la plus vieille memoire :
Ainsi la Tragedie eut son commencement ;
Ainsi les Rois chetifs en furent l'argument.
La braue Tragedie au Theatre attendue,
Pour estre mieux du peuple en la Scene entendue,
Ne doit point auoir plus de cinq actes parfaits :

Ange ni Dieu n'y soit, s'il n'est besoin de faits
Qui soient vn peu douteux, ou d'vne mort celee
Qui d'vne Ombre ou d'vn Dieu lors sera reuelee :
Et ne parle vn quatriesme en l'Etage auec trois :
Trois parlant seulement suffisent à la fois.
Le Chœur de la vertu doit estre la defence
Du parti de l'autheur repreneur de l'offence :
Doit parler sagement, graue et sentencieux,
Se montrant de conseil, aux grands officieux ;
Chose n'entremeslant aux actes, que bien dite,
Bien ne vienne à propos, et qui bien ne profite.
Aux bons et vertueux il fauorisera,
Et les non feints amis, ami vray prisera.
Qu'il apaise tousiours vne ame couroucee,
Et plein de iugement descouure sa pensee.
Qu'il honore celuy qui du vice est vainqueur,
Loüant ouuertement les hommes de grand cœur,
La table sobre et nette, et l'vtile Iustice,
Les Edits et les Loix qui vont bridant le vice,
Et qu'il loüe en passant la douce oisiueté
Qu'on reçoit en la paix viuant en seureté :
Et qu'il tienne secrets les secrets qu'on luy baille,
Et que les puissants Dieux tousiours priant il aille ;
Qu'aux humbles afligez il oste la douleur,
Et qu'aux fiers orgueilleux il donne le malheur.
La Flute, aux premiers temps, aux Scenes ordonnee
N'estoit, comme depuis, de Cuyure enuironnee,

Et l'esclatant Hautbois n'enuioit point encor
La Trompette guerriere aux longues houpes d'or :
Mais tenue, gresle et simple, et bien peu pertuisee,
Es ieux de ce temps la n'estoit point mesprisee
Quand elle ne pouuoit si haut son entonner,
Qu'aux sieges elle pust grands troupes amener :
Car le peuple nombrable estoit petit à l'heure,
Honteux, chaste, modeste et plein d'vne foy seure.
Ainsi nos vieux François vsoient de leur Rebec
De la Flute de bouis et du Bedon auec,
Quand ils representoient leurs Moralitez belles,
Qui simples corps voloient sans plumes et sans ailles :
De Chœur ils n'auoient point, et par Actes leurs ieux
N'estoient point separez : mais or plus courageux
Ils feroient esleuer le Theatre de France,
S'ils auoient longue paix, sur l'antique arrogance.
Or quand le Romain eut, riche et victorieux,
Estendu son doumaine, et d'vn mur glorieux
Plus ample enuironné l'enclos de sa grand'ville,
Et que libre viuant soubs vne loy ciuille
Impuniment sortoit par les beaus iours festez
Pour plonger ses esprits dedans les voluptez,
Aussi tost on vit naistre auecques la licence
Et des vers et des ieux la grand'magnificence :
Car qu'eust peu lors sçauoir le paisan apelé
Auecques le bourgeois confusement meslé ?
Et qu'estoit ce de voir vn mal propre mesnage

Des champs estre en la ville et la ville au village
Et l'habile homme ioint auec le mal apris,
Et voir les ignorants parmi les beaus espris?
Mais apres que le temps rendit ciuilisee,
Par l'abondant plaisir, l'allegresse prisee,
Il aduint dudepuis qu'auec le mouuement,
Le Violon ioua beaucoup plus plaisamment :
Et par l'attrait mignard des voix musiciennes
Fist cette gayeté passer les anciennes,
Sur le Theatre ouuert ioyeux se proumenant,
Et pompeux à longs plis sa grand'robe trainant :
Sur les cordes aussi mieux que deuant sonnantes
Creurent les doux accents des voix bien accordantes :
Et du parler encor l'ornement estimé
Vn langage esleua lors non accoustumé.
Auecques l'ornement de la langue pollie
Volontiers la science et s'vnit et s'allie,
Qui fist qu'vn beau sçauoir à l'vtil auisant,
Et sage par raison, le Futur predisant,
Obtint es faits priuez comme es choses publicques
Honneur pareil à ceux des Oracles Delphiques :
Par loix et par vsage, vn Regne policé,
Quasi comme diuin est conduit et dressé.
La France tout ainsi comme estant en enfance,
Gaillarde mesura ses pas à la cadance
Diuerse en diuers lieux, quand des Pasteurs apris
De Bourgongne et Poitou, furent les branles pris.

Les Ballets tremousants, les branles et la dance,
Auec la Poësie ont grande conuenance :
Car on peut par la mine et le geste branlant
Demontrer ce que font les Muses en parlant :
Et comme en la Pirriche en nos bouffonneries
On peut representer mille plaisanteries,
Qui font aux passions les ames emouuoir,
Et nous font sans parler vn fait Tragicque voir.
Vn fait Comic aussi, qui par la contenance
Nous montre des humains les mœurs et la semblance,
Vn plaisant Matassin, qui sçait bien bouffonner,
Et contrefaisant tout sçait tout plaisir donner.
Chantant en nos festins, ainsi les *vau-de-vire,*
Qui sentent le bon temps, nous font encore rire.
Vau-de-vire plaisant, ie te tiens bien heureux
D'auoir pour gouuerneur Bordeaux le genereux
Qui, Cæsar imitant dans la fureur des lances,
Mesle les doctes Arts auecques ses vaillances.
Muses, de vostre main tortissez le Laurier
Dont i'ombrage le front de ce ieune guerrier.
Le temps qui tout polit depuis rendit polies
La grace et la douceur de ses chansons iolies,
Auec vn plus doux air les branles accordant,
Et la douce Musique aux nerfs accommodant :
Et nous representant ses farces naturelles,
Choisit vn chant qui fut alors bien digne d'elles.
Mais, à dire le vray, la France n'eut iamais

Vn repos assez long pour iouir de la paix :
La misere tousiours sa tristesse a meslee
Auec la gaillardise où elle est appelee :
Toutefois imitant tant qu'elle peut les vieux,
Elle tient aux malheurs son courage ioyeux :
Et nous a ramené de la Lyre cornue
(Qui fut au paravant aux nostres inconnue)
Les chants et les accords, qui vous ont contenté,
Sire, en oyant si bien vn Dauid rechanté
De Baïf et Couruille. O, que peut vne Lyre
Mariant à la voix le son et le bien dire.
  La France aussi depuis son langage haussa,
Et d'Europe bien tost les vulgaires passa,
Prenant de son Roman la langue delaissee,
Et denouant le neud qui la tenoit pressee,
S'eslargit tellement qu'elle peut, à son chois,
Exprimer toute chose en son naïf François.
Suiuamment c'est aussi la science eleuee,
Au cœur des bons esprits des l'enfance grauee,
Qui, soit en faits communs, soit en diuinité,
A gaigné sur les vieux le prix d'eternité.
Et d'autant que meilleurs sont en Gaule les hommes,
D'autant plus excellens que les autres nous sommes
En toute Poësie, et brossons à trauers
Tant soient ils buissonneux, des haliers plus couuers.
  Toutefois l'Artisan n'entreprend point d'ouurage,
S'il n'a fait son Chef d'œuure et son apprentissage :

Mais nous, du premier pas, les Muses nous suiuons ;
Sçauans et non sçauans des vers nous escriuons.
Neaumoins ie diray cette douce folie,
Cette gentille erreur, estre toute remplie
De beaucoup de vertus. Iamais premierement
Le Poëte n'est point auare aucunement :
Il aime ses labeurs, son seul but et sa ioye ;
Il aime des forests la solitude coye :
Il aime ses egaux qui, de franche bonté,
N'estrangent de leurs mœurs l'honneste volupté.
Il se mocque, il se rit des grands citez rasees,
Des pertes, des ennuis, des maisons embrasees;
Contre Dieu ni l'estat il n'a point comploté :
En l'Ocean d'erreur son esprit n'a floté :
Comme, vn peu Philosophe, il laisse aller le monde,
Les Destins plus courants volontaire il seconde :
Contre ses compagnons il ne machine rien :
Il ne tache d'auoir les orphelins le bien :
Sa table est sobre et nette, et comme il se presente,
Du peu comme du prou, souuent il se contente.
S'il n'est propre à la guerre, aux armes nonchalant,
Il est bon à la ville, aux meilleurs s'egallant :
Et si tu reconnois que les choses petites
Aux grandes aident bien, tu connois ses merites.
Car aux ieunes il sçait aprendre la vertu,
Leur former le parler, que ce monstre testu,
Que ce peuple ignorant, par mauuaise prononce

Des vulgaires plus bas, diuersement annonce :
Leur fait haïr le vice et, gracieux et doux,
Leur corrige l'enuie et l'aigreur du couroux :
Les beaux gestes passez il remet en memoire:
Il raconte tousiours quelque agreable histoire,
Il donne enseignements, par le ressouuenir
Des exemples connus, pour le siecle aduenir:
Plaisante est son humeur, vtile sa hantise,
Estant tout courtisan, hormis par la feintise :
Et quand, Sire, aux honneurs vous l'auez éleué,
Estant de la liqueur d'Hipocrene abreué,
Beau laurier entre tous il paroist en la sorte
Que fait la fueille verde au pres la fueille morte.
Mais en mettant moymesme en nos moissons la faux,
I'ay veu dire d'ailleurs qu'on trouue des defauts
Aux Poëtes aussi. Vostre maiesté mesme
Qui les Muses connoist, les cherit et les aime,
Sire, s'en apercoit lorsque mal à propos
Vous presentant des vers, on rompt vostre repos :
C'est vne faute encor quand depit on mesprise
De l'ami de nos chants vne iuste reprise;
Quand on le fait vn vers plusieurs fois ecouter
Que, des le premier coup, il a bien sceu gouster :
Et quand nous nous plaignons que nos chants et nos veilles,
Que nostre Luth, qui donne aux forests des oreilles,
N'est point ouy de vous, qu'il n'est point recherché,
Pour estre comme il deust de vous, Sire, aproché :

Et que nous esperons que, quand vous aurez, Sire,
Connu comme si bien nous iouons de la Lire,
Qu'enclin à nous aimer, vous nous apelerez,
Et chanter vostre nom vous nous commanderez :
De sorte que iamais la piteuse soufrête
N'aportera chez nous de fain ni de disete.
Phœbus est de soymesme vn peu presomptueux,
Tousiours ieune et vanteur, toutefois vertueux.
Beaucoup de nous aussi leurs ouurages n'amendent :
Beaucoup à les reuoir trop curieux se rendent.
On nota Protogene en son art souuerain
Pour ce qu'il ne pouuoit iamais oster la main
De ses tableaux polis, sans tousiours l'y remettre :
De mesmes on en voit cette faute commettre
Par trop grand'diligence à polir leurs escris,
Et ne trouuent iamais vn œuure assez repris.
Mais, Sire, vous auez fait vn choix honorable
En beaucoup qui rendront Apolon fauorable
A vostre Maiesté, qui d'vn si grand donneur
Couronne les bienfaits d'vn immortel honneur.
Qui diroit qu'Alexandre auroit fait dauantage,
Voulant que seulement fust faite son image
D'Apelle et de Lysippe, il se mesconteroit,
Et l'œuure de la main aux vers r'aporteroit :
Car vn visage n'est rapporté par le cuiure,
Si bien comme les mœurs le sont par vn beau liure,
I'entens par les beaus vers des Poëtes sçauants,

Qui vont vostre louange à qui mienx escriuants.
  Mais reuenons au lieu de nos vieilles brisees.
Voici la grand forest, où les chansons prisees
Des vieux Satyres sont : ie m'estoy forlongné
Du labeur où i'estoy n'aguere embesongné :
Et n'estant ces ramas qu'vn plaisant tripotage
D'enseignements diuers, i'en faits vn fagotage
De bois entremeslé : Car l'arbre Delphien
S'y peut voir des premiers : l'arbrisseau Paphien
Ioint au rampant Lierre ; et d'Oliuier paisible
S'y faire vne couronne à tous il est loisible :
De ces bois sont sortis les Satyres rageux
Qui, du commencement, de propos outrageux
Attaquoient tout le monde, estant dessus l'Etage.
Mais depuis ils se sont polis à l'auantage :
Car sortant des forests, lasciuement bouquins,
En la bouche ils n'auoient que des vers de faquins,
Tantost longs, tantost cours, comme les Dithyrambes
Des mignons de Bacchus, qui n'ont ni pieds ni iambes.
  Les bons esprits d'alors, afin que depiteux
Ils peussent mieux taxer les vices plus honteux,
Ils mettoient en auant ces Satyres rustiques
Qui sont Dieux ehontez, impudens fantastiques,
Qui les fautes nommoient et le nom des absents
Et les forfaits secrets quelque fois des presents :
Telle estoit des Gregeois la Satyre premiere.
Lucile, à Rome, mist la nouuelle en lumiere.

Et celuy qui premier debatit au passé,
Par vn Tragicque vers, pour le bouc barbassé,
Ce fut mesme celuy qui le cornu Satyre,
Sauuage pied-de-bouc, nous descouurit pour rire :
Qui, seuere, gardant la meure grauité,
Entremesloit le ris et la simplicité,
Afin de retarder, par nouueauté plaisante
Et par riants attraits, la troupe regardante,
Quand le peuple sortoit, ioyeux et desbauché,
Apres le sacrifice et le ieu despeché.
Et comme nos François les premiers, en Prouence,
Du Sonnet amoureux chanterent l'excelence
D'auant l'Italien, ils ont aussi chantez
Les Satyres qu'alors ils nommoient Siruentez
Ou Syluentois, vn nom qui des sylues Romaines
A pris son origine en nos forests lointaines :
Et de Rome fuyant les chemins perilleux,
Premier en Gaule vint le Satyre railleux.
Depuis les Coc-à-l'asne à ces vers succederent,
Qui les Rimeurs François trop long temps possederent,
Dont Marot eut l'honneur. Auiourd'huy toutefois,
Le Satyre Latin s'en vient estre François,
Si parmi les trauaux de l'estude sacree,
Se plaire en la Satyre à Desportes agree ;
Et si le grand Ronsard, de France l'Apolon,
Veut poindre nos forfaits de son vif eguillon ;
Si Doublet (animé de Iumel qui preside,

Sçauant au Parlement de nostre gent Druide,)
Met ses beaus vers au iour, nous enseignants moraux,
Soit en dueil, soit en ioye, à se porter egaux;
Et si mes vers gaillards, suiuant la vieille trace
Du piquant Aquinois et du mordant Horace,
Ne me deçoiuent point, par l'humeur remontreux
Qu'vn Satyre au follet soufla d'vn Chesne creux.
  Mais rendre il faut si bien les Satyres affables,
Mocqueurs, poignants et doux, en contes variables,
Et mesler tellement le mot facetieux
Auec le raillement d'vn point sentencieux
Qu'egalle en soit par tout la façon rioteuse,
Qu'agreable on rendra d'vne langue conteuse,
Sautant de fable en fable, auec vn tel deuis
Qu'on fait quand priuément chacun dit son aduis
D'vn fait qui se presente : en langue Ausonienne
On apelle Sermon cette mode ancienne.
Horace a soubs ce nom ses Satyres compris;
Nos Sermonneurs preschants aussi l'ont mis en prix.
  Et si tu fais parler quelques Nimphes diuines,
Des Dieux ou des Heros auec leurs Heroines,
Accoutrez brauement de pompes convoiteux,
Qu'après on ne les voye, et bouffons et boiteux,
Suiure par leurs discours la vulgaire maniere
De ceux qui vont hantant l'escole tauerniere :
De sorte que pensant bas la terre euiter,
On te voye haut au ciel mal à propos monter,

Et peu digne Tragicque, estendre à la vollée,
Vne parole basse et puis vne empoullee.
Suiuant vn dous moyen subtil faut ioindre l'Art
Auecques la sornette et le graue brocart;
Et mesme faire encor que l'ami ne se fache
Quand d'vn vice, commun à chacun, on l'atache.
Comme la Dame honneste aux Dimenches chommez
Se trouue quelquefois aux banquets d'elle aimez,
Ou contrainte à danser, ne laisse bien modeste,
De courtoise montrer vn graue et ioyeux geste :
Ainsi doit la Satyre, en sornettes riant,
La douce grauité n'aller point oubliant :
Estant et de plaisir et d'honnesteté pleine,
Comme la belle Grecque et la chaste Romaine.
Ainsi void on souuent la ioyeuse beauté
Conioointe chastement auec la loyauté.
Des mots dous et friants il ne faut point elire,
Ni ceux qui sont trop lours, en faisant la Satyre;
Les communs sont les bons; dehors du rond compas
Du Tragicque du tout ie ne sortiray pas :
Mais ie mettray tousiours vne grand'difference
Alors que Zani parle auec quelque aparence :
Ou Pite ayant Simon de son argent mouché :
Ou bien quand de Bacchus vn Sylene embouché
Ie feray discourir. D'vne chose vulgaire
Et commune à chacun, mon vers ie pourray faire,
D'vne facilité si douce la traitant

Que chacun pensera pouuoir en faire autant :
De sorte qu'il dira que mes vers et la prose,
En discours familiers sont vne mesme chose,
Que chacun parle ainsi, qu'on ne craint le malheur
De voir friper ces vers pour leur peu de valeur :
Mais s'il vient pour en faire à l'enui de semblables,
Il verra qu'aisement ils ne sont imitables,
Tant bien l'ordre, le sens, et les vers se ioindront,
Et le langage bas et commun ils tiendront :
Et tant d'honneur aduient et de bonne fortune
Au suiet que l'on prend d'vne chose commune.
Selon mon iugement, ces Faunes fron-cornus
Qui des noires forests aux villes sont venus,
Ainsi que s'ils estoient aux citez dans les rues,
Aux Palais, aux marchez des villes plus courues,
Comme ieunes muguets n'vseront affettez
Du parler de la ville ou d'ordes saletez,
Et ne vomiront point d'vne maniere sote
Vn propos indiscret, vne iniure ou riote;
Les riches et les grands s'en tiendroient offensez.
Et bien que des bouffons il se rencontre assez,
Et tels marchants louans cette façon bouffonne,
Si n'acquerront ils point des sages la couronne.
En Satyre tu n'as en Grec autheur certain :
Suy doncques la façon du Lyrique Romain,
De Iuvenal, de Perse, et l'artifice brusque
Que suit le Ferrarois en la Satyre Etrusque.

Remarque du Bellay; mais ne l'imite pas.
Suy, comme il a suiuy, la marque des vieux pas,
Meslant sous vn dous pleur entremeslé de rire,
Les ioyeux eguillons de l'aigrette Satyre :
Et raporte vn butin de Latin et Gregeois,
Ainsi comme il a fait au langage François,
Et ieune ne suy pas ces Damerets Poëtes
Qui larrons ne sont rien que Singes et Choëttes.
Quand la syllabe longue apres la breue alloit,
Ce pied vite, en Latin Iambe on l'apeloit;
Et si nom de Trimetre à l'Iambe l'on donne,
Pour ce que sous les doigs par six fois il resonne.
A soy premierement semblable il fut sans plus :
Mais depuis, les Spondés pesans et resolus,
En fin auecques luy plus fermes prindrent place :
L'Iambe patient les receut de sa grace.
Mais en les receuant il ne leur quitta pas
Ni le siege second ni le quatriesme pas.
Plus dous par ce moyen ils furent à l'oreille,
Et les vieux les faisoient de cadence pareille.
Apres que maints esprits rangeants la quantité
De la langue Françoise à la Latinité,
Eurent rendus aux pieds de leurs mots ordinaires
La demarche et les pas de leurs legers Senaires :
De ces vers l'artifice en la France a esté
Par maints autres esprits diuersement tenté,
De sorte que Toutain a fait que l'Alexandre

En la Rime pouuoit en Phaleuces se rendre.
Baif qui n'a voulu corrompre ni gaster
L'accent de nostre langue, a bien osé tenter
De renger sous les pieds de la Lyre Gregoise,
Mais en son propre accent, nostre Lyre Françoise :
Et tant a profité ce courageux oser
Que, comme luy, plusieurs ont daigné composer,
Allians à leurs vers mesurez à l'antique,
L'artifice parlant de la vieille Musique.
Ie ne sçay si ces vers auront authorité :
C'est à toy d'en parler, sage Posterité,
Qui sans affection peux iuger toutes choses,
Et qui sans peur les prendre ou réieter les oses.
Bref, ces Iambes sont biserres et diuers,
Par nous representez à maints genres de vers ;
Comme sont d'autre part les doux vers de Catule,
De Fontan, de Second, de Flamin, de Marule,
Qui d'vnze pieds marchoient : mais les Francois gaillars,
Qui les font plus petits, ne les font moins mignars :
Tesmoins tant de baisers, Chansons, Airs, Amourettes,
Mignardises, Gaytez, et telles œuurelettes,
Dont leurs escrits sont pleins, peignans d'vn dous pinceau
Tout ce que la Nature a de rare et de beau.
Les vers pesants et lourds enuoyez sur la Scene,
Langoureux ou hâtez, ou composez à peine,
Ne sont pas estimez par vn sçauant en l'Art :
Il blasmera celuy qui tente le hasard

De se faire mocquer, quand trop mal il s'asseure,
En balançant au poids des nombres la mesure,
Et de n'enfanter pas en termes bien receus,
Les vers qu'en luy premier Phœbus aura conceus,
Et de n'estre soigneux d'vne Rime coulante,
Qui se rende à l'oreille agreable et plaisante.
Chacun n'auise pas les vers qui, mal limez,
Sont montrez au public, d'entre les estimez.
A la Muse Romaine ayant esté permise
Vne grande Licence, (indigne d'estre admise,)
Alors qu'on commençoit : et mesme nos Francois
S'estants plus largement estendus mile fois,
Me dois-ie hasarder de metre sur la presse
Mes Poëmes qui sont pleins de toute rudesse?
Ou si plustost ie doy par iugement preuoir
Que chacun pourra bien ma faute aperceuoir?
Si bien que, me taisant par vne sage ruse,
Ie ne sois point tenu de faire aucune excuse?
La faute en ce faisant ie peux bien euiter,
Mais de louange aussi ie ne puis meriter.
Esprits, qui recherchez et matins et serees
Des Grecs et des Latins les traces asseurees,
Feuilletez leurs labeurs et là vous trouuerez
Comme vn renom fameux acquerir vous pourrez :
Le sçauoir, l'artifice, auec l'experte vsance,
Donnent en quelque temps au renom accroissance.
Comme on void l'vne fois nostre ombre aller deuant

Et l'autrefois derrière : ainsi va s'esleuant
Le renom des humains : quelquefois des la vie
Et quelque fois apres la mort en est suiuie.
Et les Muses tousiours laisseront renommez
Tous ceux qu'elles auront cheris et bien aimez.
Mais nostre Poësie en sa simplesse vtile,
Estant comme vne Prose en nombres infertile,
Sans auoir tant de pieds comme les Grecs auoient,
Ou comme les Romains qui leurs pas ensuiuoyent,
Ains seulement la Rime : il faut, comme en la Prose,
Poëte n'oublier aux vers aucune chose
De la grande douceur et de la pureté
Que nostre langue veut sans nulle obscurité,
Et ne receuoir plus la ieunesse hardie
A faire ainsi des mots nouueaux à l'estourdie,
Amenant de Gascongne ou de Languedouy,
D'Albigeois, de Prouence, vn langage inouy :
Et comme vn du Monin faire vne parlerie
Qui, nouuelle, ne sert que d'vne moquerie.
Ceux qui cherchent des mots empoulez et bouffis,
Et des discours obscurs, qui ne sont point confis
Dans le sucre François, font vne faute telle
Que ceux qui vont quittant vne fontaine belle,
Pour puiser de l'eau verte en vn palu fangeux
Ou dans le creux profond d'vn lieu marescageux.
Vos paroles soient donc et vos pointes eleues
En figures, qui sont des Muses bien voulues :

Manieres de parler qu'vn Rethoricien
En Grec apelle Scheme enseignant l'Artien.
Chasser on ne doit pas par les forests espaisses,
Qui ne sçait les detours, les routes, les adresses,
Qui ne sçait redresser les chiens à leur defaut,
De faire vn Horuari requêter comme il faut.
Ainsi dans l'espaisseur du buisson de Permesse
Ne faut s'auenturer qui ne sçait la r'adresse,
Qui conduit au sommet du double mont cornu :
Car Poëte on n'est point qu'on n'y soit paruenu.
Ie confesseray bien que les Romains antiques
Auoient fort estimé les nombres Poëtiques,
Les vers et plaisants mots de Plaute qu'ils portoient
Par trop patiemment, et qu'ils s'en contentoient
Par grossiere simplesse, et que l'innocent âge
De nos bons vieux Gaulois estimoit le ramage
De nos premiers Romants (qui le Romain parler
Fait Gaulois, au Gaulois sçauoient entremesler)
Vn peu legerement : et si ne veux pas dire
Qu'à l'heure qu'ils oyoient quelque bon mot pour rire
En leurs chants, Chanterels, Sons, Seruantois, Tançons,
Pastorelles, Deports, Soulas, Sonnets, Chansons,
Triolais, Virelais, Ieux-partis, Lais, Sornettes,
(Sans les bonnes iuger d'entre les imparfaites)
Goffes, tout leur plaisoit en tel contentement
Qu'ils n'ont iugé depuis des Rondeaux autrement
Balades, Chants-royaux, Epistres et Complaintes,

Que bons ils adoroient d'affections non feintes :
Descriuant leurs amours, ainsi comme en tableaux,
Dedans leurs beaus Romants, et dedans leurs Fableaux.
En France lors n'estoit de race grande et belle
Qui n'eust quelque Roman particulier pour elle.
 Depuis long temps encor Guillaume de Loris,
Iean de Meun-clopinel, on prisoit à Paris
Auec peu de raison, au moins si, pour cette heure,
Des rimes nous sçauons discerner la meilleure,
Et si nous scauons bien à l'oreille et aux dois
Iuger le vers qui marche au nombre de ses lois.
 Or l'Vualon estant tout le premier vulgaire,
Et l'Itale, et l'Espagne, ont formé l'exemplaire
Du leur sur son Roman, ayant pris pour leçons
De nos chants et Sonnets les antiques façons :
Et puis comme celuy qui de ruse maline,
Derobe le cheual en l'estable voisine,
Luy fait le crin, la queuë et l'oreille couper,
Et quelque temps apres le reuend pour tromper
A son mesme voisin : ainsi nostre langage
Ils ont prins et planté dans leur terreur (1) sauuage,
Et l'ayant deguisé, nous le reuendent or,
Comme fins maquinons, plus cher qu'au prix de l'or (2).
 Et comme nous voyons beaucoup d'herbes plantees

(1) *Sic*, dans l'édit. 1605, Caen, Charles Macé. Il faut lire : *terroir*.
(2) Comparer ce passage avec ce que disent *Brunetto Latini* et *Dante* eux-mêmes.

D'vn bon terroir en l'autre, et les greffes entees
Dessus vn autre pied, derechef reuenir
Et de leur premier tronc perdre le souuenir,
Tout de mesme les traits, les phrases et la grace,
Prenant d'vne autre langue en nostre langue place,
S'y ioignent tellement qu'on diroit quelquefois
Qu'vn trait Latin ou Grec est naturel François.
Virgile ainsi pilla d'Homere la richesse
Et naturalisa des Gregeois la sagesse ;
Et l'Arioste apres, en les pillant tous deux,
Plus hardiment a pris les gestes hasardeux
De nos vieux Paladins, connus par tout le monde,
Et des preux Cheualiers de nostre Table-ronde ;
Du Prophete Merlin les forts enchantemens;
De Turpin l'Archeuesque, en ses racontemens
Suiuant l'histoire vraye, alors que Charle-magne
Pauoit, à Ronceuaux, de morts toute l'Espagne,
Et qu'Agramant venu cet outrage vanger,
Vouloit dessous ses lois la grand'Cité ranger.
A l'heure Lancelot, en Prose Heroïque,
Montroit de nos maieurs la fureur Poëtique,
Et rauissoit l'esprit de cent diuersitez,
Meslant auec l'Amour les grands solennitez
Des ioustes, des Boubourds, lors que de Connoissances
Ils honoroient le bout de leurs guerrieres lances,
Et dessoubs le secret des figurez blasons
Se cachoient de l'Amour les plaisantes raisons.

Aux combats mesmement on void mile manieres
De porter armoyez les Escus aux Banieres,
Le Tymbre menaçant l'Armet enpanaché,
Et le Mot-de-bataille au dessoubs attaché,
Cotte-d'armes, Harnois, les armes etofees
Par la courtoise main des gracieuses Fees.
Nostre Amadis de Gaule en vieil Picard rimé,
N'estoit moins que nos Pairs entre nous estimé.
D'Amadis, l'Espagnol a sa langue embellie,
Et sa langue embellit de nos Pairs l'Italie :
Et quand nous reprendrons ces beaus larcins connus,
De rien nous ne pouuons leur en estre tenus.
De Thespis le premier la maniere est venue
De la Farce Tragicque encor lors inconnue,
Quand dans les Chariots et Tombereaus couuers
Conduit, il fist iouer publiquement ses vers
Par des gentils bouffons, qui d'vne lie epesse
Leur face barbouilloient par les villes de Grece.
Ainsi vont à Rouen les Conards badinants,
Pour tout deguisement leur face enfarinants.
Mais par AEschyle fut cette façon ostee
Depuis que braue il eut la maniere inuentee
De se seruir de masque, et proprement changer
D'habillemens diuers, commençant à ranger
Les limandes, les ais, pour dresser le Theatre :
Il enseigna deslors à parler, à s'ebattre
Vn peu plus hautement, et lors fut amené

L'vsage encor non veu du soulier cothurné.
De fausse barbe ainsi nos vieux François vserent,
Quand leurs moralitez au peuple ils exposerent.
Ils ont montré depuis d'vn vers auantageux,
Iouant deuant les Rois leurs magnifiques ieux,
Qui feroient aisement que la Muse Françoise
Peut estre passeroit la Romaine et Gregeoise,
S'elle auoit eu l'apuy d'vn grand Roy pour soustien :
Plustost le bien estrange on prise que le sien.
Iodelle, moy present, fist voir sa Cleopatre
En France des premiers au Tragique theatre,
Encor que de Baïf vn si braue argument
Entre nous eust esté choisi premierement.
Peruse ayant depuis cette Muse guidee
Sur les riues du Clain, fist incenser Medee :
Mais la mort enuieuse auançant son trespas,
Fist que ces vers tronqués parfaire il ne sceut pas,
Quand Saintemarthe emeu de pitié naturelle
De ces doux orphelins entreprist la tutelle,
Scauant les r'agença, leur patrimoine accreut,
Et grand'peine et grand soin pour ses pupiles eut.
Puis Toutain nous fist voir de la couche royale
Du Prince Agamemnon la traison desloyale,
Cependant que Morin, en tout sçauoir profond,
Et d'vn autre costé le bien disant Nemond,
S'efforcoient d'enseigner en nostre langue ornee
La loy qui fut iadis aux vieux Romains donnee.

Et maintenant Garnier, sçauant et copieux,
Tragique a surmonté les nouueaux et les vieux,
Monstrant par son parler assez doucement graue
Que nostre langue passe auiourd'huy la plus braue.
Maisonnier d'autre part qui se plaisoit souuent
D'ouyr son Pin sifler aux aubades du vent,
La Satyre escriuoit. En sa prime iouvance,
Chantecler arriuant paya la redeuance
A Phœbus comme nous, et d'autres que le temps
Eniura du plaisir de ces vains passetemps ;
Quand en mesme saison, plein d'vne ardeur diuine,
Le Feure bouillonnant dans sa vierge poitrine,
Des Hebreux et des Grecs, Poëte tout Chrestien,
De bien chanter de Dieu rechercha le moyen.
En ce temps, ô quel heur ! sans haine et sans enuie,
Nous passions dans Poitiers l'Auril de nostre vie ;
Au lieu de demesler de nos Droits les debats,
Muses, pipez de vous, nous suiuions vos ebats.
Mais comme vn pelerin, qui retourne au voyage,
D'où s'estant plusieurs fois, par maint diuers bocage,
Egaré, ne s'egare encore vne autre fois :
Ainsi, Muses, depuis, le chant de vostre vois
Ne nous a tant deceus, que n'ayons fait seruice
Au Roy, tenant le poix de l'egalle Iustice ;
Que nous n'ayons aussi par vos douces liqueurs,
De la guerre ciuile adouci les rigueurs,
Et que chacun de nous en sa douce contree,

O Muses, n'ait de vous la science montree :
Tesmoins sont de ma part la belle eau de Cressy,
Ante petit, la Roche, et mon grand Orne aussy,
Où ieune le premier i'enflay vostre Musete :
Mais nul n'est, ô malheur ! en sa terre prophete.
Les soupçons enuieux, les médits, la rancœur
Des nostres, me faisoit tout refroidir le cœur.
La muse est enuiable et l'ignorant s'irrite,
Quand il oit de Phœbus vne chanson bien dite.
Comme on conte qu'vn Tigre au son du Tabourin
Et s'irrite et bondit, comme vn monstre marin,
Et tant plus le Tabour il oit sonner et bruire,
Depit en se mordant plus fort il se dechire :
Ainsi fait l'enuieux, les louanges oyant
Du vertueux qu'il va miserable enuiant.
Tousiours il se tourmente, et tousiours vne enuie
Luy ronge les poulmons le reste de sa vie.
Chetiue enuie, encor, tu fais bien seulement
En donnant à tous ceux qui t'aiment du tourment.
Vne belle lumiere amene vn bel ombrage,
Qui les yeux enuieux eblouit d'vn nuage.
Né de bonne maison par la faueur des Cieux,
Mon bonheur offusqua l'œil de mes enuieux.
Mais quel vent ma nacelle en haute mer enuole :
Car i'ay passé le temps que marque ma Boussole.
Reuenons au courant où les grands Empereurs
Mourants sont faits egaulx aux poures laboureurs.

Au Tragique argument pour te seruir de guide,
Il faut prendre Sophocle et le chaste Euripide,
Et Seneque Romain : et si nostre Echafaut
Tu veux remplir des tiens, chercher loin ne te faut
Vn monde d'argumens : car tous ces derniers ages
Tragiques ont produit mile cruelles rages.
Mais prendre il ne faut pas les nouueaux argumens :
Les vieux seruent tousiours de seurs enseignemens.
Puis la Muse ne veut soubs le vray se contraindre :
Elle peut du vieil temps, tout ce qu'elle veut, feindre.
Pauvre France qui dors, quand tu t'eueilleras,
De tes enfants mutins tu t'emerueilleras.
Celuy qui pourroit voir vne forest arbreuse,
Grande, belle, peuplee, antique, noire, ombreuse,
Et la reuoir apres sans ombre ni rameaux,
Vn Taillis remarqué de quelques balliueaux,
Ayant senti le fer de la hache, emoulue
Pour faire trebucher sa richesse fueillue :
France, il te void ainsi, sans Sceptre maiestueux,
Sans couronne Royale, en port calamiteux,
Ta robe par lambeaux, comme à l'accoustumee
N'estant plus de lis d'or sur l'azur parsemee.
Tes massacres cruels aux beaux ans qui suiuront
Aux Poëtes Tragics de suiet seruiront :
Mais ore appaise toy ; permets que tes contrees
Ne soient à l'auenir de tes fureurs outrees.
Nous, en ce peu de paix, Nous, qui sentons en nous

Vn Dieu qui nous echauffe et nous chatouille tous,
Nous nous reiouirons, tachant par vn bel aise,
A faire quelque chose en quoy Phœbus se plaise.
Aussi bien pouuons nous, Muses, vous dire adieu;
Car, Muses, de long temps ici vous n'aurez lieu.
Des bons ioueurs de Luth la main est engourdie,
L'ardeur de la ieunesse est partout refroidie,
Et desia de vos sons, et desia de vos chants,
Moins de conte il se fait que des contes des champs.
Et si par cette paix vn peu d'eiouissance
Ne nous donne pouuoir sur l'aueugle ignorance,
Tous vos arts se perdront. Muses, donc, aprouuez
Que parmi tant de maux ioyeux vous nous trouuez.
Comme vn forçat Chrestien qui, depuis mainte annee,
Viuoit dessoubs le Turc en triste destinee,
De Tripoly sortant à Malte va ioyeux,
Echapé hors des mains d'vn bascha furieux :
Ainsi gais nous viurons si, sortis de l'oppresse,
De la guerre il se peut tirer quelque alegresse.
Vous, Sire, cependant aimez le saint troupeau
Qui du guide Apolon a suiui le drapeau.
Replantez les Lauriers, refournissez les places
Des monts et des vallons, des Muses et des Graces.
Faites que leurs recois de Mars endommagez,
Ainsi qu'au parauant ne soient desombragez.
Vous laisserez le Sceptre et le beau Diadesme,
Les ornemens Royaux, et la Couronne mesme.

Mais cela que la Muse acquis vous gaignera,
Sire, tousiours par tout vous accompagnera,
Et dans le Ciel les vents en la bouche des Anges,
Les Anges iusqu'à Dieu porteront vos louanges

FIN DV 2. LIVRE.

L'ART
POETIQVE
FRANCOIS

OU L'ON PEVT REMARQVER LA PERFECTION ET LE DEFAVT DES ANCIENNES ET DES MODERNES POESIES

AV ROY

Par le sieur DE LA FRESNAIE VAVQVELIN

L'ART POETIQVE FRANCOIS

OU L'ON PEVT REMARQVER LA PERFECTION ET LE DEFAVT DES ANCIENNES ET DES MODERNES POESIES

AV ROY

Par le sieur DE LA FRESNAIE VAVQVELIN

LIVRE TROISIESME

IRE, ie voy le port : montrez vostre faueur.
Dans ce trouble Ocean, soyez l'Astre sauueur
Qui me face esperer que vous, ma petite Ourse,
Conduirez mon esquif seurement en sa course.
Muses, ayant passé les flots plus oragez,
Ne permettez qu'au port nous soyons submergez.

Ieunes, prenez courage, et que ce mont terrible
Qui du premier abord vous semble inaccessible,
Ne vous estonne point. Ieunesse, il faut oser,
Qui veut au haut du mur son enseigne poser.
A haute voix desia la Neuuaine cohorte
Vous gaigne, vous appelle et vous ouure la porte,
Vous montre vne guirlande, vn verdoyant lien,
Dont ceint les doctes fronts le chantre Delien,
Et par vn cri de ioye anime vos courages
A vous ancrer au port en depit des orages :
Elle repand desia des paniers pleins d'œillets,
Des roses, des boutons, rouges, blancs, vermeillets,
Remplissant l'air de musc, de fleurettes menues,
Et d'vn parfum suaue enfanté dans les nues :
Ces belles fleurs du Ciel vos beaus chefs toucheront,
Et sous vos pieds encor la terre enioncheront.
Dans le Ciel, obscurci de ces fleurs epandues,
Sont les diuines voix des Muses entendues.
Voyez comme d'odeurs vn nuage epaissi
De Manne, d'Ambrosie, et de Nectar aussi
Fait pleuuoir dessus vous vne odeur embamee
Qui d'vn feu tout diuin rend vostre ame enflamee.
Les vers sont le parler des Anges et de Dieu,
La prose des humains. Le Poete au milieu
S'eleuant iusqu'au Ciel, tout repeu d'Ambrosie,
En ce langage escrit sa belle Poësie.

Pleust au Ciel que tout bon, tout Chrestien et tout Saint,

Le François ne prist plus de suiet qui fust faint!
Les Anges à miliers, les ames eternelles
Descendroient pour ouir ses chansons immortelles!
C'est desia trop long temps cette Muse inuoqué,
Qui rend d'vn court plaisir vn bel esprit moqué,
Sur l'Helicon menteur couronnant les perruques
De Lauriers abuseurs, flestrissants et caduques.
Apres elle tousiours il ne faut s'incenser.
Il faut monter aux Cieux sur l'aisle du penser :
Là, cette Muse voir, qui d'Astres couronnee,
Ayant de beaus rais d'or la teste enuironnee,
Couronne les beaus chefs de Lauriers qui sont tels
Que non mourants ils font les mourables mortels,
Dessus vn vray Parnasse où la sainte verdure
Des Myrthes amoureux eternellement dure,
Ne laissant toutesfois d'embellir, d'emperler
De fleurs d'humanité ses vers et son parler :
Du sage Medecin imitant la coustume,
Qui pour faire aualer la facheuse amertume
D'vn breuuage salubre, au bord du gobelet
Met du iulet sucré, plaisant et doucelet (1).
Mais les Prouinces sont en France si troublees
Que pour Mars seulement s'y font les assemblees.
Les Muses n'y sont plus, Phœbus en est parti;
Les doctes autrepart veulent prendre parti.

(1) Cette comparaison, traduite de Lucrèce, l'a été beaucoup mieux par le Tasse, *Gerus. Liberata.*

Vn orage partout les beaus lauriers fracasse,
Saccage nos forests, destruit nostre Parnasse.
Viendra iamais le temps que le harnois sera
Tout couuert des filets que laraigne fera?
Que le rouil mangera les haches emoulues,
Que les hantes seront des lances vermoulues?
Que le son des clairons ne rompra nuict ne iour
Du pasteur en repos le paisible seiour?
Viendra iamais le temps que les amours iolies
Et les Muses ie voye en France racueillies,
Sans que de la discorde on parle desormais?
Viendra iamais le iour que retourne la paix?
La main pleine d'espics auec l'Oliuier palle,
La corne d'Amaltee et qu'ici liberalle
Abondante elle seme vne moisson de bien
Qui remette la France en son heur ancien?
Que derechef encor les Bouffons on reuoye,
Masquez et deguisez, se brauer par la voye,
Et laissant leurs vieux ieux, à la façon du temps
Des Grecs et des Romains, iouer leur passetemps?
Or aux Grecs vint ainsi la vieille Comedie,
Non sans grande louange outrageuse et hardie,
Quand en vice tomba cette grand'liberté,
Qui de tout blasonner prenoit authorité.
Et par Edict expres elle fut reformee,
Ce qui fut bien receu, la vieille estant blamee;
Et le Chore des lors s'en teut honteusement,

Et de piquer ne fut permis aucunement.
Ainsi dedans Paris i'ay veu par les colleges,
Les sacrileges estre appelez sacrileges
Es Ieux qui se faisoient, en nommant franchement
Ceux qui de la grandeur vsoient indignement,
Et par son nom encor appeler toute chose.
Medire et brocarder de plus en plus on ose.
Alors vous eussiez veu les paroles, d'vn saut,
Comme balles bondir, vollant de bas en haut.
Mais cette liberté, depuis estant retrainte,
Mile gentils esprits sentant leur ame attainte
De la diuinité d'Apolon, ont remis
Le soulier du Comicque aux limites permis :
Fuyant d'Aristophane en medisant la faute,
Et prenant la façon de Terence et de Plaute,
Ils ont, en leurs Moraux, d'vn air assez heureux
De Menandre meslé mile mots amoureux.
Mais les Italiens, exercez d'auantage,
En ce genre eussent eu le Laurier en partage,
Sans que nos vers plaisants nous representent mieux
Que leur prose ne fait cet argument ioyeux :
Greuin nous le tesmoigne, et cette Reconnue
Qui des mains de Belleau n'agueres est venue,
Et mile autres beaus vers, dont le braue farceur,
Chasteau-vieux, a monstré quelque fois la douceur.
Premier la Comedie aura son beau Proëme,
Et puis trois autres parts qui suiuront tout de mesme.

La premiere sera comme vn court argument
Qui raconte à demi le suiet breuement,
Retient le reste à dire, afin que suspendue
Soit l'ame de chacun par la chose attendue.
La seconde sera comme vn Enu'lopement,
Vn trouble-feste, vn brouil de l'entier argument
De sorte qu'on ne sçait quelle en sera l'issue
Qui tout'autre sera qu'on ne l'auoit conceue.
La derniere se fait comme vn Renuersement,
Qui le tout debrouillant fera voir clairement
Que chacun est content par vne fin heureuse,
Plaisante d'autant plus qu'elle estoit dangereuse.
Des ieunes on y void les faits licencieux,
Les ruses des putains, l'auarice des vieux.
Elle eut commencement entre le populaire
Duquel l'Athenien bailla le formulaire :
Car n'ayant point encor basti sa grand'Cité
En des bordes ce peuple estoit exercité
Marcher comme champestre, et par les belles plaines,
Aupres des grands forests, des prez et des fontaines
Tantost il s'arrestoit, tantost en autre lieu.
Il faisoit cependant sacrifice à son Dieu
Apolon Nomien. En grandes assemblees
Faisant tous à l'enui des cheres redoublees,
Buuants, mengeants ensemble, ensemble aussi chantant :
Ils apeloient cela Comos, qui vaut autant
Que commune assemblee, et de leurs mariages,

De leurs libres chansons et de leurs festiages,
Qu'ils faisoient en commun, ce fist en fin le nom
De Comedie, ayant iusqu'ici son renom.
La Comedie est donc vne Contrefaisance
D'vn fait qu'on tient meschant par la commune vsance;
Mais non pas si meschant qu'à sa meschanceté
Vn remede ne puisse estre bien aporté,
Comme quand vn garçon vne fille a rauie,
On peut en l'espousant luy racheter la vie.
Telle dire on pourroit la mocquable laideur
D'vn visage qui fait rire son regardeur :
Car estre contrefait, auoir la bouche torte,
C'est vn defaut sans mal pour celuy qui le porte.
Mais le suiet Tragic est vn fait imité
De chose iuste et graue, en ses vers limité,
Auquel on y doit voir de l'affreux, du terrible,
Vn fait non attendu, qui tienne de l'horrible,
Du pitoyable aussi, le cœur attendrissant
D'vn Tigre furieux, d'vn Lion rugissant :
Comme quand Rodomont, abusé par cautelle,
Meurtrit se repentant la pudique Isabelle,
Ou comme quand Creon, aux siens trop inhumain,
Vit sa femme et son fils s'occire de leur main.
On fait la Comédie aussi double, de sorte
Qu'auecques le Tragic le Comic se raporte.
Quand il y a du meurtre et qu'on voit toutefois
Qu'à la fin sont contens les plus grands et les Rois,

Quand du graue et du bas le parler on mendie,
On abuse du nom de Trage-comedie ;
Car on peut bien encor, par vn succez heureux,
Finir la Tragedie en ebats amoureux :
Telle estoit d'Euripide et l'Ion et l'Oreste,
L'Iphiginie, Helene et la fidelle Alceste.
Tasso par son Aminte aux bois fait voir d'ailleurs
Que ces contes Tragics ainsi sont les meilleurs.
Au Poëme Tragic se raporte et refere
Vne Iliade en soy. Le Margite d'Homere
Respondoit au Comic où des hommes moyens
(Comme des plus grands Rois) des humbles citoyens
Se voyoit la nature et la façon bourgeoise,
Comme Heroïque escrite, en sa langue Gregeoise.
Le Tragic ne montroit que des faits vertueux,
Magnifiques et grands, Royaux et somptueux ;
Le Comic que des faits qui, tous, dignes de blame,
Ne rendroient pas pourtant le bon Margite infame.
Las ! le temps deuorant Margite a deuoré
Et le nom seulement nous en est demeuré.
Depuis nul autheur Grec, ni Romain, ni vulgaire,
De Poëme pareil n'ont entrepris de faire.
Mais rien n'est si plaisant, si patic ne si dous
Que la reconnoissance, au sentiment de tous !
Vlysse fut connu par vne cicatrice
Qu'en luy lauant les pieds remarqua sa nourrice.
Par ioyaux, par vn merc, qui sur nous apparoist,

Et par cent tels moyens, les siens on reconnoist.
Puis qu'est il rien plus beau qu'vn aigreur adoucie
Par le contraire euent de la Peripetie?
Polinisse croyoit la mort d'Ariodant,
Esperant voir ietter dans vn brasier ardant
L'innocente Geneure, alors que miserable
Au contraire il se void mourir comme coupable.
Leon, de Bradamante ayant esté vainqueur,
Par Roger inconnu, son amour et son cœur,
Par la loy du combat de Charles ordonnee
Elle deuoit au Grec epouse estre donnee :
Mais elle ne pouuant en son ame loger
Vn autre amour egal à celuy de Roger,
Plustost que de le prendre elle se veut defere :
Son Roger d'autrepart de mourir delibere.
Par vn euent diuers il arriue autrement :
Roger est reconnu pour auoir feintement
Combattu soubs le nom du Prince de la Grece,
Soubs ce masque vaincu soymesme et sa maistresse :
Desia toute la Court de l'Empereur Latin
La donne bien conquise au fils de Constantin :
Quand Leon le voyant estre Roger de Rise,
De sa vaine poursuite abandonne la prise,
Luy quitte Bradamante, et courtois genereux
Aide à conioindre encor ce beau couple amoureux.
Ainsi sont ioints ensemble et la reconnoissance
Et le contraire euent qui luy donne accroissance.

L'Heroic, le Tragic, vse indiferemment
Auecques le Comic, de ce dous changement.
Tu ne dois pas laisser, ô Poëte, en arriere
Croupir seule es forests la Muse Forestiere :
Mais tu la dois du croc dependre, et racoutrer
Son enche et son bourdon, et pastre luy montrer
Comme Pan le premier soufla la Chalemie,
Conioinle des roseaus de Syringue s'amie,
Qu'Apolon ensuiuit, quand sur le bord des eaux
D'Admete en Thessalie il gardoit les troupeaux.
Apres, vn Berger Grec es champs de Syracuse,
A l'egal de ces Dieux enfla la Cornemuse.
Sur le Tybre Romain Tytire, dudepuis
Les imitant, sonna la Flute à sept pertuis :
Long temps apres encor reprist cette Musette
Vn Berger sur les bords du peu connu Sebethe :
Et ce flageol estoit resté Napolitain,
Quand, pasteur, des premiers sur les riues du Clain,
Hardi ie l'embouchay, frayant parmi la France
Ce chemin inconnu pour la rude ignorance.
Ie ne m'en repen point, plustost ie suis ioyeux,
Que maint autre depuis ait bien sceu faire mieux.
Mais plusieurs toutefois, nos forests epandues
Ont sans m'en faire hommage effrontement tondues :
Et mesprisant mon nom ils ont rendu plus beaux
Leurs ombres decouuers de mes fueillus rameaux.
Baïf et Tahureau, tous en mesmes années,

Auions par les forests ces Muses pourmenees.
Belleau, qui vint apres, nostre langage estant
Plus abondant et dous, la nature imitant,
Egalla tous Bergers. Toutefois dire i'ose
Que des premiers aux vers i'auoy meslé la prose.
Or', Pibrac et Binet, pasteurs iudicieux,
Font la champestre vie estre agreable aux Dieux.
Tu peux encore faire vne sorte d'ouurage
Qu'on peut nommer forest ou naturel bocage,
Quand on fait sur le cham, en plaisir, en fureur,
Vn vers qui de la Muse est vn Auancoureur,
Et que pour vn suiet on court par la carriere,
Sans bride galloppant sur la mesme matiere,
Poussé de la chaleur, qu'on suit à l'abandon,
D'vne grand'violence et d'vn aspre randon.
Stace fut le premier en la langue Romaine,
Qui courut librement par cette large plaine.
Comme dans les forests les arbres soustenus
Sur leurs pieds naturels, sans art ainsi venus,
Leur perruque iamais n'ayant esté coupee,
Sont quelquefois plus beaus qu'vne taille serpee.
Aussi cette façon en beauté passera
Souuent vn autre vers qui plus limé sera.
Les Francois n'ont encor cette façon tentee :
Si Ronsard ne l'a point au Bocage chantee.
En mon âge premier chanter ie la pensoy,
Quand ma Foresterie enfant ie commencoy.

Si puis apres on veut la toile ourdir et tistre
Du vers sentencieux de l'enseignante Epistre,
Le vray fil de la trame Horace baillera,
Libre, graue, ioyeux à qui trauaillera,
Et tu verras chez luy qu'aux Satyres il tache
Arracher de nos cœurs les vices qu'il attache;
Et que tout au contraire aux Epistres il veut
Mettre et planter en nous toutes vertus s'il peut.
Vne Epistre s'escrit aux personnes absentes,
La Satyre se dit aux personnes presentes
Sans grande difference : et pourroient proprement
Sous le nom de Sermons se ranger aisément.
Imite dans les Grecs l'Epigramme petite;
Marque de Martial, trop lascif, le merite.
Sur tout breue, r'entrante et subtile elle soit :
De Poëme le nom trop longue elle recoit.
Elle sent l'Heroic, et tient du Satyrique;
Toute graue et moqueuse elle enseigne et si pique.
L'Epigramme n'estant qu'vn propos racourci,
Comme vne inscription, courte on l'escrit aussi.
Les Huictains, les Dixains, de Marot les Estreines,
T'y pourront bien seruir comme adresses certaines,
Et les vers raportez qui, sous bien peu de mots,
Enferment brusquement le suc d'vn grand propos.
L'Epicede se chante auant que l'on enterre
Le corps du trespassé. Quand la voute l'enserre,
L'Epitaphe se met sur le Tombeau graué,

Ou bien dans vn Tableau dignement eleué.
Quand en vers l'Epitaphe on fait en Epigramme,
Mis contre vne coulonne en Cuyure en quelque lame,
Celuy pour le meilleur on doit tousiours tenir,
Qu'on peut mesme en courant et lire et retenir.
Or si d'vn plus beau feu ton ame est echauffee
Pour des Hymnes chanter : suy les restes d'Orphee,
Homere et Callimach : et suy ce Bisantin
Marule, et Claudian les chantans en Latin.
Note pareillement la genereuse audace
De Ronsard, qui les vieux en ce beau genre passe,
Et le iugement grave et la facilité
Du scauant Pelletier, en son antiquité.
Et si tu ne veux point vser de noms estranges,
Donne leur, comme luy, le beau nom de louanges.
Ou si tu veux, plus sage, imite de Sion
Le Prophete Royal sur le Psalterion.
A dire il reste encor que Poëmes se prennent
Pour vn suiet petit que peu de vers comprennent,
Comme qui descriroit le superbe pauois
Ou du Troyen AEnee ou d'Achile Gregeois,
Et dessus tout au long de leur race future,
Et du temps auenir la diuerse auenture.
Ou l'amour d'Angelique et du soldat Medor,
La fureur de Roland, de Rodomont encor,
Qui d'vne Poësie estant vn petit membre,
Qu'en peu de vers à part de son corps on demembre.

Les Cartels de deffy, qu'on presente aux tournois,
Des Poëmes ce sont pour le plaisir des Rois,
Et qui seruent aussi de nuict aux Mommeries
Soubs le masque muet : mesme aux bouffonneries
Que sans despence on fait. Mais les Italiens
Faisant representer à leurs Comediens,
(Soit Tragic, ou Comic) vn fait soubs la parade
De la non contageuse et braue Mascarade,
Nous ont laissé ce nom, prenant l'effect de nous.
C'est pourquoy nous suiuons leurs mascarades tous,
Ou soit que d'vn ballet la feste on solennise,
Ou soit qu'en vn Tournoy se façe vne Entreprise
Couuerte d'vn beau corps et d'vn mot genereux
Qui montre d'vn amant le dessein amoureux,
Comme a fait du Bellay, quand il fait d'Hibernie
Venir de Cheualiers vne grand'compagnie,
Qui portent à la Iouste vne Entreprise, afin
Qu'on conneust le dessein du gentil Roy-Dauphin.

Nos Poëtes vrayment, pleins de haute pensee,
N'ont point, sans la tenter, chose aucune laissee,
Et n'ont pas merité peu de gloire et d'honneur
D'auoir laissé du Grec et du Romain sonneur
Le vieux chemin batu, faisant chanter la gloire
De leurs gestes priuez aux filles de Memoire
Et ne seroient point plus les Francois trauaillans,
En Iustice, en proësse, en fait d'armes vaillans,
Qu'à bien dire ils seroient, si plus soigneux la lime

Le Poëte employoit à bien polir sa Rime :
Et si tant à l'enui ne faisoient voir au iour
Leurs Sonnets enfantez, plustost que leur amour,
Sans prendre le loisir de penser qu'vn bon Astre
Regarde le Poëte et non le Poetastre.
Vn secret est aux vers que ie ne diray point :
On le gouste, on le sent, son eguillon nous poïnd,
Quand nous oyons sa voix qui nous frappe l'oreille ;
Et mesme l'ignorant admire sa merueille.
  Tous, ô vray sang Gaulois, reprenez et blamez
Les vers qui ne sont pas assez veus et limez,
Assez bien repolis dont la Rime tracee
N'a plusieurs fois esté refaite et r'effacee ;
Et par plus de dix fois corrigez vous si bien
Qu'à la perfection il ne manque plus rien.
  D'autant que Democrite aimoit plus vne veine
Coulante naturelle en son grauois sans peine,
Que l'art trop miserable où l'on mordoit cent fois,
Deuant que faire vn vers, ses ongles et ses doigts ;
Qu'il banissoit encor d'Helicon et Parnasse
Celuy qui tous les vers par le seul Art compasse,
La Nature estimant plus heureuse que l'Art,
Pour ce maints on voyoit, qui faisoient bien à tard
Rongner leur poil hideux, leurs ongles pleins d'ordure,
Pensant par ce moyen figurer la Nature :
Comme encor on en voit qui vestus simplement,
Solitaires ne vont où sont communement

Les gens en compagnie, estimant fantastique
Vn homme estre agité de fureur Poëtique,
Et remporter le nom de Poëte parfait,
Si iamais au Barbier son poil raire ne fait :
Pour garir ce catarre vn monde d'Elebore
D'Anticire aporté ne suffiroit encore.
Mais moy n'estant Poëte, vne Queux ie seray,
Qui le fer des esprits plus durs aiguiseray :
Car bien que la Queux soit à couper inutile,
Elle rend bien coupant tout l'acier qu'elle affile.
Ainsi n'escriuant point, ie diray le deuoir
Du Poëte, et comment il peut des biens auoir,
Et ce qui peut encor le tenir à son aise,
Le dresser et conduire en chose qui luy plaise,
Ce qui conuient le mieux et ce qui point ne duit,
Où la vertu nous meine, où l'erreur nous conduit.
Et ie seray celuy qui porte vne lumiere
La nuict pour eclairer à ceux qui vont derriere.
Son flambeau seulement flambera pour autruy ;
Fort peu, quoy que ce soit, il flambera pour luy.
Le sage et saint scauoir est la fontaine claire
Et le commencement d'escrire et de bien faire :
Chose qûe te pourront montrer les hauts escris
De Socrate et Platon où tous biens sont compris,
Et mieux nos liures saints, dont la sainte science
Allume vn ray diuin en nostre conscience :
Qui nous fait voir le vray, qui du faux est caché,

Et le bien qui du mal est souuent empesché :
Puis les choses suiuront doctement preparees
Les paroles apres non à force tirees.
Quand seront amassez ensemble tels aprets,
Aisement tout dessein tu conduiras apres.
  Le parler le scauoir de telle Poësie
(Qui n'entrera iamais qu'en belle fantasie)
N'est point comme vn graueur qui fait sans sentiment
Vn Satyre qu'il met sous vn soubassement,
Ou bien qui taillera de ces images riches
Que muettes on met aux Palais dans les niches :
Car il veut rendre vn cœur actif eguillonné
Aux exploits genereux, bien qu'il n'y fust pas né.
Il donne des eslans, qui poussent les personnes
A faire vertueux tousiours des œuures bonnes,
Et sous vn plaisant voile, il va cachant souuent
Des choses auenir vn admirable euent.
  Mais comme tu vois bien que tousiours verdoyantes
Les forests ne sont pas, ni les eaux ondoyantes,
Et que iusques aux bords Orne et Seine tousiours
N'emplissent regorgeant les riues de leurs cours :
Aussi foible est parfois la veine Poëtique,
Et langoureuse encor s'estend melencolique,
De sorte qu'on voit bien qu'Apolon depité
N'a pas de son esprit cet esprit agité,
Et que les doctes sœurs et des Graces la suite
Ont ailleurs, loin de luy, pour l'heure pris la fuite.

Lors il faut retourner à la saincte liqueur
Du beau mont dont Phœbus nous echauffe le cœur,
Et là se reposer, mesme à l'heure detendre
La corde lentement, pour ses forces reprendre :
On rendroit son esprit tout morne et rebouché,
Qui le tiendroit tousiours au labeur attaché.
Il faut espier l'heure, attendre qu'à la porte
Frape le Delien, qui la matiere aporte.
Lors doucement les vers de leur gré couleront,
Et dans l'œuure auancé d'eux mesme parleront,
Sans forcer violent les Vierges Tespiennes,
Versant contre leur gré leurs eaux Pegasiennes.
Dans vn bocage ombreux, les Rosignols plaisans
Vont d'vn si grand courage à l'enui degoisans,
Que souueut en chantant, la puissance debile
Defaut plustost au corps que la chanson gentille :
Ainsi beaucoup sont tant des Muses amoureux
Que par trop de trauaux leurs corps sont langoureux,
Et tandis qu'en sçauoir leur sçauoir chacun domte,
Leur peine surmontee eux mesme les surmonte.
Pour ce gardez vos corps ; versant moderement
De bonne huyle en la lampe, on void plus clairement.
Celuy qui bien preuoit, bien ordonne et commence,
En n'allant que le pas souuent le plus auance.

Comme le voyageur (apres plusieurs detours
D'vn long chemin suiuis) qui voit les hautes tours
D'vne cité fameuse, où faut qu'enfin il rande

D'vn cœur deuotieux vne deuote offrande,
S'esiouit et prend cœur se sentant aprocher
Des murs de la Cité dont il voit le clocher :
Ainsi fait le Poëte, alors qu'il se repose
Ioyeux de voir de loin le but qu'il se propose,
Et voir les arbres hauts qu'il a sceu remarquer,
De peur qu'vn ombre obscur ne le fist detraquer.
Iamais d'enfants ioyeux vne brigade belle,
Plus volontairement en la saison nouuelle
Ne se trouua parmi les vermeillettes fleurs
Qu'vn pré d'email bigare en cent mile couleurs.
Ni iamais d'vn beau fils belle Dame accouchee,
Ni la Dame bien peinte et bien endimenchee
Ne s'aima iamais plus aux danses et aux sons,
Aux deuis amoureux, aux mignardes chansons,
Que la Muse se plaist aux peines et aux veilles,
En recherchant des vers les secrettes merueilles.
Et l'homme n'a iamais plus grand plaisir trouué
Que celuy du Poëte en son œuure acheué.
Celuy qui du Deuoir a la science aprise,
Ce qu'il doit au Pays, où naissance il a prise,
Ce qu'il doit à son Roy, ce qu'au public il doit,
Ce qu'il doit aux amis; qui bien iuge et bien voit
Comme respectueux il faut estre à son pere,
De quelle affection il faut cherir son frere,
Son hoste, son voisin, comme encore cherir
L'estranger qui nous peut quelquefois secourir;

Et qui sçait bien où gist d'vn vray iuge l'office
Et de celuy qui doit regler vne Police;
Et ce que doit tenir vn braue Chefuetain
En la charge que haute il n'entreprend en vain,
Soit pour aller vaillant en estrangere terre
Reuancher vne iniure, ou soit pour la conquerre,
Cettuy la, certes, sçait donner ce qui conuient
A chacun, quel qu'il soit, selon le rang qu'il tient.
Le docte imitateur qui voudra contrefaire
De cette vie au vray le parfait exemplaire,
Tousiours i'auertiray de regarder aux mœurs,
A la façon de viure et aux communs malheurs :
Et puis de là tirer vne façon duisante,
Vn parler, vn marcher, qui l'homme represente :
Bref, que Nature il scache imiter tellement
Que la Nature au vray ne soit point autrement.
Quelquefois vne farce au vray Patelinee,
Où par art on ne voit nulle rime ordonnee;
Quelquefois vne fable, vn conte fait sans art,
Tout plein de gosserie et tout vuide de fart,
Pour ce qu'au vray les mœurs y sont representees,
Les personnes rendra beaucoup plus contentees,
Et les amusera plustost cent mile fois
Que des vers sans plaisir rangez dessous les lois,
N'ayant sauce ni suc, ni rendant exprimee
La Nature en ses mœurs de chacun bien aimee.
Nature est le Patron sur qui se doit former

Ce qu'on veut pour long temps en ce monde animer.
Zeuxis fut si soigneux de suiure la Nature,
Que voulant de Iunon faire la pourtraiture
Pour un peuple lascif, premier il voulut voir
Les belles qu'il pouuoit en sa grand'ville auoir;
Il les fist depouiller en secret toutes nues,
Et cinq tant seulement de luy furent esleues
Pour d'elles retirer les marques de beauté
Dont fut le naturel de son œuure emprunté :
De mesme aussi, qui veut escrire vn bel ouurage,
Il faut que des Autheurs par choix et par triage,
Il choisisse tousiours les plus excellens traits,
Pour l'embellissement de ses parlants pourtraits,
Et que tous au patron de Nature il les tire :
Car en tout, fors en elle, il se trouue à redire.
Phœbus donna iadis aux Romains et aux Gres
La grace de parler, la bouche ronde expres,
Pour atteindre au vray but : et rien que la louange
De surpasser ainsi toute autre langue estrange,
Doctes ne les guidoit (leur langage ils plantoient
Dedans tous les pays, où vainqueurs ils estoient,
Ainsi que leurs Edits), car l'ardante auarice
Ne bruloit point leurs cœurs, pour estre exempts de vice.
Mais la plus part de France enseigne ses enfants
Au trafic et au gain, comme à faits triomphants.
C'est pour le seul profit, c'est pour la seule enuie
D'estre riche et d'auoir que l'estude est suiuie;

Ce n'est pour la bonté, ce n'est pour la vertu,
Que des lettres on suit le sentier peu batu;
Qui des richesses a, n'a besoin de science :
Les hommes seulement aux biens ont confiance.
Les vns aprendront bien à porter sur le poin
Vn oiseau pour voler; les autres auront soin
Des chiens et des cheuaux : mais tousiours mesprisees,
Les Muses seruiront dans leurs cœurs de risees :
Les autres aux Barreaux s'emploiront aprentifs,
Aux seules actions profitables actifs,
Autres à separer et les cens et les rentes
D'vne succession en parts equipolentes,
A bien dresser vn compte, et l'ample reuenu
Et la mise reprendre apres par le menu :
Et de là conuoiteux de la riche finance
Se iettent affamez aux Bureaux de la France.
Les ieunes à Paris aprennent à ietter
Combien d'vn milion se peut le tiers monter :
A partir, à sommer, multiplier, distraire,
A sçauoir d'vn Banquier l'adresse necessaire.
S'on demande au garçon : — « Qui de mile ostera
Sept cents escus, di moy, qui plus te restera ? » —
Trois cents. — « C'est bien conté. C'est assez. Bon courage.
Tu peux à l'auenir te garder de dommage.
Si i'en remets deux cents, combien demeureront
Sur le conte dernier ? — Cinq encor resteront. »
Tu peux garder le tien; car cette experience,

Mon enfant, vaut bien mieux que toute autre science
Or comme pourrons nous esperer que ceux ci,
Nourris des leur enfance apres les biens ainsi,
Ayans desia graué des leurs tendres ieunesses
Les gloutons appetits des friandes richesses,
Aimassent la vertu, faisant quelque œuure beau,
Qui fust pour ne tomber iamais dans le tombeau?
Voire qui meritast d'estre en planche imprimee,
Consacré seulement à peu de renommee?
Tant s'en faut qu'il deust estre en vn ecrin doré,
En vierge parchemin bien peint, bien azuré,
Escrit illuminé pour chatouiller l'oreille
D'vn second Alexandre à l'heure qu'il sommeille?
Enseigner, profiter, ou bien donner plaisir,
Ou faire tous les deux, le Poëte a desir,
Comme propre à la vie : en faisant tout ensemble
Chose qui profitable et plaisante nous semble.
Or si premier tu veux enseigner, sois tousiours
Clair et bref, sans vser d'obscurs et longs discours,
Afin qu'incontinent tes preceptes faciles
Se grauent au cerueau des auditeurs dociles.
La chose superflue aussi bien sortira
Hors de l'estomac plein, qui la reuomira.
Et si plaire tu veux, tousiours conte tes fables,
Pour donner du plaisir, comme estant veritables.
Car n'estant vray-semblable vn propos inuenté,
Comme vray sans propos ne veut estre conté.

Pourtant tu ne feindras rien qu'on ne puisse croire,
Comme celuy qui conte ainsi comme vne histoire
Que les Fees iadis les enfançons voloient
Et de nuict aux maisons, secrettes, deualoient
Par vne cheminee : en tout sois vray-semblable.
Le vieillard ne se plaist au conte d'une fable,
Ni voir des vers qui soient sans quelque vtilité :
La chose graue plaist aux gens de grauité,
Et la Muse seuere, en ce temps où nous sommes,
Pareillement deplaist aux ieunes gentils hommes.
Qui sçait entremesler l'vtile auec le dous,
L'honneur facilement remportera sur tous,
Enseignant les liseurs, et de Muse pareille,
D'vn rauisseur plaisir leur rauissant l'oreille.
Vn tel liure scauant, plein d'vn iugement meur,
Aporte de l'argent bien tost à l'Imprimeur,
Et tost outre les mers il passe en telle sorte,
Qu'à son autheur connu grand renom il apporte.
Il s'y trouue pourtant quelques defauts souuent,
Ausquels fait pardonner la suite et le deuant :
Car la corde ne rend tousiours à la pensee
Vn son tel que voudroit la chose commencee,
Sous les doigs fredonnants ; et cherchant vn ton bas
Souuent en rend vn haut, et ne vous respond pas.
Tousiours l'arquebusier ne frape ce qu'il mire,
Ni l'archer bien expert n'atteint le blanc qu'il tire.
Mais s'vn œuure en maint lieu son lecteur satisfait,

Ie ne le diray pas tout soudain imparfait
Pour vn petit d'erreur passé par non-chalance,
Ou que n'a peu preuoir l'humaine preuoyance.
Et quoy donc, ie vous pry? comme on ne deuroit point
Excuser l'imprimeur, qui faut au mesme point
Dont on l'auoit repris; et comme on se doit rire
De l'escriuain qui faut tousiours à bien escrire
Aux mots qu'on luy a dits, et mesme du sonneur
Qui faut en mesme ton à son grand deshonneur :
Tout ainsi de celuy, qui fait comme vn Chærile,
Qui pour faire des vers est rimeur mal habile,
Et de Sagon se fait appeler Sagouyn,
Meslant en nostre langue vn sot barragouyn
De propos decousus, ric à ric voulant prendre
Le Latin à la barbe et vulgaire le rendre,
Et duquel ie me ri, de merueille surpris,
Quand deux ou trois bons vers ie trouue en ses escris.
  Souuent en œuure long la Muse mesme chomme.
Parfois le bon Homere est surpris par le somme :
Mais vn ouurage long on excuse es endroits
Où le sommeil glissant fait errer quelque fois.
  La douce Poësie est comme la peinture
Que belle on trouuera bien prise en sa nature :
Car l'vne de plus pres plus belle semblera,
Et l'autre de plus loin dauantage plaira.
L'vne se voudra voir dans vne sale obscure,
Et l'autre au iour plus clair d'vne pleine ouuerture.

L'vne en iour se deuise ou par ombragements,
Et l'autre a de couleurs mile deiettements,
Qui d'vn iuge ne craint la plus subtile veue.
L'vne contentera si tost qu'on l'aura veue,
Et l'autre d'autant plus qu'on reuisitera
Ses beaus traits, d'autant plus elle contentera.
Comme le voyageur qui d'vn beau lac aproche,
En son bord se va mettre au coupeau d'vne roche :
Là demeurant long temps oisif en son repos,
Il n'a rien pour obiect que les vents et les flots :
Toutesfois les forests dedans l'onde vitree
Montrent de cent couleurs leur robe diapree,
Et l'ombre des maisons, des tours et des Chasteaux
Cette eau luy represente au cristal de ses eaux.
Il s'esiouit de voir que l'onde luy raporte
Par vn double plaisir ces forests en la sorte :
Tout ainsi le Poëte en ses vers rauira
Par diuers passetemps celuy qui les lira,
Emerueillé de voir tant de choses si belles,
En ses vers repeignant les choses naturelles,
Et de voir son esprit de ce monde distrait,
Mirer d'vn autre monde vn autre beau pourtrait.
Combien que de vous mesme, ô Françoise ieunesse,
Qui suiuez ce bel Art, vous ayez la sagesse,
Toutesfois ie veux bien vous auertir ici
Qu'il faut vn grand sçauoir aux hommes en ceci :
Nous voyons beaucoup d'Arts, ausquels est suportable

D'vn apparent scauoir l'apparence notable :
Comme pour n'estre aux droits vn Duarin second,
Ou pour docte à plaider vn Marion facond,
On ne laisse pourtant d'auoir en bonne estime
Sa part de l'or que tant es Palais on estime.
En tout sçauoir aisé, pour n'estre Historien
Autant que Titeliue, il suffit du moyen :
Le Peintre qui peint bien d'vn homme la figure,
Sans l'avoir mesme apris, peut tirer en peinture
Tout autre tel qu'il soit : ainsi qui sçait des Arts
Le principe et la fin, s'en aide en toutes parts,
Pourueu qu'à son suiet d'vne gentille mode
Du sçauoir qu'il a veu l'vsage il accommode.
Mais les hommes ni Dieu ne veulent receuoir
Celuy qui pour les vers n'a qu'vn moyen sçauoir.
Toutes langues ont eu leurs Poëtes chacune.
Ne pense donc auoir si courtoise fortune
Que de les surpasser, sinon qu'en ton parler
Comme ils ont fait au leur tu vueilles exceller.
I'approuue toutefois d'escrire en ces langages,
Afin de remarquer les siecles et les âges
Par les hommes sçauants, entre qui les lauriers
Du Poëte Roussel verdoiront des premiers :
Car Phœbus et les sœurs eux-mesmes les arrosent
Dans les iardins de Caen : et les beaus vers disposent
Du Fanu, de Michel, de Cahaignes auec,
Qui doctes le Romain escriuent et le Grec.

Et comme Sainte Marthe escrit de mesme plume
Le Latin et François quand sa fureur l'allume,
De sorte qu'il egalle vn Dorat d'vne part,
Et de l'autre il seconde vn doux bruyant Ronsart :
Ainsi nostre Malherbe et Tirmois, l'eloquence
Et les vers balançants d'vne mesme cadence
Vn Ciceron Latin font deuenir Gaulois,
Et Phœbus tout Romain est comme tout François.
Le grand de l'Hospital a toute Ausonienne
En France ramené la troupe Aonienne,
Et Filleul a conduit à la Cour ces neuf Sœurs.
Dauid qui son Perron orne de leurs douceurs,
Possede à iuste droit leur eternelle gloire,
Comme elles filles sunt, estant fils de Memoire.
Bertaut, qui du Soleil a le cœur allumé
Chez luy mesme leur dresse vn seiour bien aimé.
Et qui taire pourroit la douce Polymnie
De ce diuin Vaillant, tirant la compagnie
De ces iumelles Sœurs hors de dessus leur mont,
Pour les faire habiter en son sacré Pimpont?
Et le sçauant Sueur, que Latin on compare,
Au peu, iusqu'à present, imitable Pindare?
Et Passerat ayant trois langages diuers,
Qui, comme aux deux, au sien mesure ces beaus vers?
Et Chantecler profond, qui de Rome et d'Athenes
Fait bruire en ses dous vers les bouillantes fontenes?
Et qui pourroit cacher le rayon qui reluit

En l'Ascalle et Chrestien, que tous Phœbus conduit?
Et cette Aurore ouurant au Soleil la barriere
Sur le Tybre Romain, iaune de sa lumiere?
Et cet autre Apolon de Thou, qui tout diuin
Va par les airs traçant le peu connu chemin
Des Sacres et Faucons, où la Muse Romaine
Atteindre ne peut onc tant fust elle hautaine?
Et quel Siecle d'ailleurs a receu si beau don
Qu'en son Poëte a fait l'isle de Caledon?
De Baïf, Grec-latin, comme Francois la Muse
Au combat des nouueaux ni les vieux ne refuse,
Et Pasquier a montré par ses vers excelens
Que Phœbus hante aussi les barreaus turbulens.
Mais qui met son esprit pour rendre plus connues
Ces Langues qui nous sont pour estranges tenues,
Et contenue la sienne, adultere il commet :
Car son ioug delaissant sous l'estrange il se met ;
Et tel est que celuy qui de tout meuble rare,
Riche tapisserie et de beaus lambris pare
Vn chasteau solitaire, écarté dans les bois,
Où seulement il couche en deux ans vne fois,
Pour estre loin du lieu. Son Palais, au contraire,
Qu'il choisit en tout temps pour demeure ordinaire,
Il delaisse sans meuble et sant nul parement :
A soy mesme bien faire on doit premierement.
Comme entre les banquets et les ioyeuses tables,
Les chants mal accordez seront desagreables,

Et facheux le parfum, dont la forte senteur
Trop aspre passera iusqu'à la puanteur
(Car bien souuent encor aux festins on s'en passe) :
Ainsi la Poësie, amoindrissant sa grace,
(Comme estant inuentée et faite seulement
Pour donner du plaisir et du contentement)
Nous deplaist aussi tost qu'elle s'esleue ou baisse,
Ou que bas trebucher du tout elle se laisse.
Qui lutter ne sçait point se garde de lutter,
Et qui iouster ne sçait se garde de iouster,
Ni de vouloir froisser, mal apris, vne lance ;
Et qui ne sçait danser ne se trouue à la dance ;
Et qui ne peut la balle au tripot bricoller,
Passant son temps ailleurs se garde d'y aller,
De peur qu'vn grand amas de personnes s'assemble
Qui librement de luy se gaudiroient ensemble.
Et toutefois celuy qui ne sçait l'Art des vers
S'en veut pourtant mesler de tort et de trauers :
Pourquoy non? dira-t-il. Moy qui suis gentil homme
Et qui reçoy du Roy de pension grand'somme,
Desia tenu Poëte, à qui sa Maiesté
Pour ses vers mainte fois a liberale esté,
Qui de la chambre suis deuenu Secretaire,
Des vers à mon plaisir ne pourray-ie bien faire?
Estant au bel estat des favoris couché,
Et d'ailleurs n'estant point d'aucun vice entaché?
Ne di rien, ne fais rien en depit de Minerue :

En cet Art ne veut point la Nature estre serue,
Mais, amis, vous auez vn tel entendement
Que vous pouuez en vous en faire iugement.
Si quelquefois encor, ô Françoise ieunesse,
Quelque œuure vous voulez mettre dessus la presse,
Il la vous faut soumettre au iugement exquis
D'vn sçauant, qui tout ait ce qu'en l'Art est requis,
Et la garder neuf ans dedans le coffre enclose;
Cependant, vous pourrez corriger mainte chose :
La parole parlee on ne peut deparler,
Et l'œuure mise hors ne se peut rappeler,
On raconte qu'Orphé, des grands Dieux interprete,
Les humains qui viuoient d'vne façon infete
De massacre et de sang, sceut bien desauuager,
Et sous plus douces loix hors des bois les ranger :
C'est pourquoy l'on disoit qu'il sçauoit bien conduire
Les Tigres, les Lions, aux accords de sa Lyre :
Et mesme qu'Amphion (le gentil batisseur
Des nobles murs Thebains) sceut par la grand'douceur
De son Luth façonné d'vne creuse tortue
Faire marcher des rocs, mainte roche abatue,
Qu'il conduisoit au lieu que meilleur luy sembloit,
Et, les faisant ranger, en mur les assembloit.
Telle fut des premiers iadis la Sapience
De sçauoir separer, par prudente science,
Le public du priué, du prophane le Saint,
D'auoir par vn dous frein son appetit retraint

D'vn vague accouplement, d'auoir du mariage
Ordonné les Saints droits, d'auoir trouué l'vsage
De bastir les Citez; — dans des tables de bois
En grauant l'equité des droiturieres lois.
Voila comme s'aquist aux vers et aux Poëtes
Vn honneur, vn renom tel qu'à diuins Prophetes.
Puis Homere et Tyrté mirent des vers au iour
Qui, graues, detournants les hommes de l'amour,
Les firent suiure Mars; et par les vers, à l'heure,
Des Oracles se fist la responce meilleure;
Et furent mis en vers les beaus enseignemens
Pour maintenir la vie en tous gouuernemens;
Et par la Muse encor fut la grace tentee
Des Princes et des Rois, pour leur gloire chantee.
Puis vinrent les derniers les ebats et les ieux,
L'agreable repos de tous trauaux facheux.
Premier ainsi iadis nos Poëtes Druides,
Nos Samothes Gaulois, nos Bards, nos Sarromides,
Policerent la Gaule; et leurs vers animez
Rendoient apres la mort les Princes plus aimez.
Et mesme auparauant Dauid auoit choisie,
Pour mieux celebrer Dieu, la sainte Poësie,
Et tant peurent ses vers que sans pompeux arroy,
Ce berger maiesteux de Poëte fut Roy.
Ce que ie dis, afin que vous n'ayez point honte
De faire d'Apolon et de la Muse conte.
De l'Apolon surtout qui, diuin et sacré,

Desancrant de Delos en France s'est ancré.
Portez donc en trophé les despouilles payennes
Au sommet des clochers de vos citez Chrestiennes.
Si les Grecs, comme vous, Chrestiens, eussent escrit,
Ils eussent les hauts faits chanté de Iesus Christ.
Doncques à les chanter ores ie vous inuite,
Et tant que vous pourrez à despouiller l'Egipte,
Et de Dieu les autels orner à qui mieux mieux
De ses beaus parements et meubles precieux :
Et des autheurs humains, comme l'vtile auette,
Prenons ainsi des fleurs la manne et la fleurete,
Pour confirmer de Dieu les auertissemens
Contenus aux secrets de ses deux testamens.
Vous, Prelats, qui n'auez qu'à Dieu seul la pensee,
A luy seul soit aussi vostre Muse addressee.
Ainsi que ton du Val, Moulinet, chante nous
Cette grandeur de Dieu, qu'on voit reluire en tous.
Toy, Dangennes scauant qui bois en la fontaine
De l'Hippocrene vraye, et de bouche Romaine
Et Gregeoise et Françoise, epuises, (bien disant),
Le puis de verité, dont tu vas arrosant
De Noyon la contree, — ouure nous ta poictrine
Que nous goutions ici les fruits de ta doctrine.
De Cossé, qui ne quiers les Lauriers flestrissants,
Qui sur le mont menteur des Muses vont croissants,
A ce recoin du Monde, au mont où Michel l'ange
Tient ferme sous ses pieds cette chimere estrange,

Plante par les beaus vers de Dieu les estandarts
Qui facent l'Ocean trembler de toutes parts.
Toy, race d'Espinay, qui de maison antique,
Deuot, polices seul ton Eglise Armorique,
Apren les flots Bretons, selon le saint Hebrieu,
A redire apres toy les louanges de Dieu.
Desportes, que ta Muse à Dieu toute tournee,
Ne soit des vers d'amour desormais prophanèe.
Maintenant, fauori, (puisque dans le cerueau
Apolon t'a versé toute la celeste eau),
Arrouse, doux coulant, la Royale prairie
De l'onde que iamais on ne verra tarie.
Hé! quel plaisir seroit-ce à cette heure de voir
Nos Poëtes Chrestiens, les façons receuoir
Du Tragique ancien? Et voir à nos misteres
Les Payens asseruis sous les loix salutaires
De nos Saints et Martyrs, et du vieux testament
Voir vne tragedie extraite proprement?
Et voir representer aux festes de Village,
Aux festes de la ville en quelque Escheuinage,
Au Saint d'vne Parroisse, en quelque belle Nuit
De Noel, où naissant vn beau Soleil reluit,
Au lieu d'vne Andromede au rocher attachee,
Et d'vn Persé qui l'a de ses fers relachee,
Vn Saint George venir bien armé, bien monté,
La lance à son arrest, l'espee à son costé,
Assaillir le Dragon, qui venoit effroyable

Goulument deuorer la Pucelle agreable,
Que pour le bien commun on venoit d'amener?
O belle Catastrophe ! on la voit retourner
Sauue auec tout le peuple ! Et quand moins on y pense
Le Diable estre vaincu de la simple innocence !
Ou voir vn Abraham, sa foy, l'Ange et son fils !
Voir Ioseph retrouué ! les peuples deconfis
Par le Pasteur guerrier qui vainqueur d'vne fonde,
Montre de Dieu les faits admirables au monde !
C'est vn point debattu par argumens diuers,
Si, de Nature ou d'Art, se compose vn beau vers,
Et laquelle des deux plus on estime et prise
En vers, ou la Nature ou la Science aquise :
Quant à moy ie ne voy que l'Art ou le Sçauoir,
Sans veine naturelle, ait beaucoup de pouuoir :
Ni que sans la Science vne veine abondante
Soit pour bien faire vn vers assez forte et puissante.
Et tant bien l'vn à l'autre aide, sert et suuient,
Et d'amiable accord s'vnit et s'entretient,
Que si Nature et l'Art ne sont tous deux ensemble,
Vn vers ne se fait point bien parfait, ce me semble.
Or celuy qui paruient enfin au haut sommet
Où le but desiré de ce bel Art se met,
Qui se fait remarquer par la belle couronne
Du laurier verdoyant qui son chef enuironne,
A porté des l'enfance vn monde de trauaux,
Enduré chaud et froid et souffert mile maux,

N'a connu de Bacchus la liqueur honoree,
Ni la belle Venus des autres adoree.
Qui sçait d'vn pouce expert à bien rauir les Dieux
Ioindre au Luth la douceur d'vn vers melodieux,
En aprenant il a quelquefois craint son maistre,
Et sceu premierement cet Art aussi cognoistre :
Auiourd'huy c'est assez de dire et se vanter
Que sa Muse sçait bien de beaus vers enfanter :
« Moy, ie fay bien vn vers, soit à l'Italienne,
» Soit à le mesurer à la mode ancienne.
» Si Mecœne viuoit, ainsi comme autrefois,
» Ie serois à bon droit son Virgile françois. »
La Pelade et le mal venu de Parthenope
Puisse partout saisir cette vanteuse trope,
Ces Poëtastres fouls, qui, pour scauoir rimer,
Pensent comme bons vers leurs vers faire estimer.
Ie n'ose de ma part ni confesser ni dire
Qu'vn vers ie puisse bien fredonner sur la Lyre ;
Ains ie reconnoistray franchement desormais
Que ie ne sçay cela que ie n'aprins iamais.
Comme vn crieur public à l'encan sçait attraire,
Sous ombre de profit, la tourbe populaire,
Pour luy faire acheter les meubles des deffuns :
Tout ainsi le Poëte, au fumet des parfums
De sa bonne cuisine et de sa grand'despence
Chacun attire à luy, comme par recompense ;
Et riche, par presents attrayant les flateurs,

Il orra de ses vers mile contes menteurs.
S'il est homme qui tienne vne table friande,
Donnant franche repue, on vient à sa viande;
Et s'il sçait, liberal, et prester et pleger,
Pour aider au besoin ceux qui sont en danger
Ou de perdre vn procez ou de souffrir dommage,
Ce seroit grand merueille en luy faisant hommage
Qu'il les peust remarquer ou vrais ou faux amis :
Se masquer le visage aux flateurs est permis.
Si doncques, riche et grand, tu desires de faire
Plaisir à telles gens, tout franc et volontaire,
Ne les prens pour iuger tes vers aucunement.
Car esleuants leurs voix souriants faintement,
Te diroient : « O quel vers ! ô quelle douce veine !
» Comme Nature et l'Art tu scais ioindre sans peine !
» Que ces vers sont bien faits ! » Et faussement rauis,
Repaistront là dessus leurs esprits assouuis,
Feront plouuoir encor dessus tels rudes carmes
De leurs yeux façonnez quelques flateuses larmes;
Ils dresseront au Ciel les yeux en t'admirant,
Comme ceux que, iadis, on alloit requerant
A gages, pour pleurer aux grandes funerailles,
Qui, faignant lamenter du profond des entrailles,
Disoient et faisoient plus par leur pleurer moqueur,
Que ceux là qui pleuroient leurs amis de bon cœur.
Ainsi le flateur faint, d'vn desguisé sourire,
Plus que le vray loueur s'ebahit et s'admire.

Les grands, ainsi qu'on dit, font quelquefois tenter
Vn homme par le vin, pour l'experimenter,
Le font boire d'autant, luy font faire grand'chere,
Pour sçauoir s'il pourroit bien celer vne affaire :
S'il est d'amitié digne ils veulent lors sçauoir;
Par espreuue se peut vn mal aperceuoir.
Aussi faisant des vers tu te dois donner garde
D'vn esprit qui se masque, en sa façon mignarde,
De la peau d'vn Renard. Auiourd'huy rarement
On trouue des amis de libre iugement.
S'on recitoit des vers à Quintil, dit Horace,
Il disoit : « Mon enfant, il faut que ie t'efface
» Cet endroit, et cet autre, et corriger ceci.
» Tes vers n'ont point de sens, n'ont point de grace ainsi. »
Si tu luy confessois ne pouuoir mieux escrire,
Ayant beaucoup de fois taché de les reduire,
Lors il te les faisoit tout du long effacer,
Et sçauoit de nouueau plus beaux les retracer;
Te les faisant remettre et tourner sur l'enclume,
Il les repolissoit des bons traits de sa plume.
Mais si mieux on aimoit defendre sa fureur
Que de les r'agencer, corrigeant son erreur,
Plus rien ne t'en disoit, estimant chose veine
De perdre apres tes vers son conseil et sa peine;
Et seul te permettoit de priser sans riual,
Comme aueugle en ton fait, toy, ta faute et ton mal.
L'homme bon et prudent, d'ame non violante,

Reprend des vers grossiers la rime mal coulante,
Et les vers qui ne sont polis et relimez,
D'vn trait de plume sont par luy desestimez.
Il retranche d'vn vers comme chose ocieuse
L'ornement superflu, la pompe ambicieuse ;
Il donne vne lumiere au passage obscurci ;
Il rend vn dire obscur beaucoup plus eclairci,
Et ce qu'il faut changer, clair voyant il remarque,
Prenant l'authorité que prenoit Aristarque ;
Et si ne dira point : « Pourquoy veux-je offenser
» Mon ami pour si peu ? » Ce *peu* peut radresser
L'homme qui s'alloit perdre à la sente egaree,
Qu'on voit estre sans fruict des hommes separee.
Car en ayant le faux pris pour la verité,
Moqué dans son ouurage il se fust depité.
 Il est vne autre humeur d'hommes, qu'on dit Poëtes,
Inconstans et legers, comme des Giroëtes
Qui vont vireuoltant, à tous vents, sur les tours.
Ces gens malasseurez, par incertains detours,
Veulent gaigner du Mont la cime double et haute.
Ils ont la volonté ; mais par la grand'defaute
De la Lune (qui n'est forte comme Phœbus)
Qui leur ceruelle occupe, en l'Art font mile abus.
Ils font cent mile vers, où Megere preside,
Qu'au lieu de Caliope ils prennent pour leur guide.
 Le sage doit fuir ces hommes affolez,
Autant comme on feroit les poures verolez,

Ou bien les furieux pleins d'erreur frenetique
Et pleins d'opinion deuote et fantastique.
Mais les petits enfans en tous lieux les suiuront,
Les garçons debauchez auec eux se riront,
Imitant toutefois les pitaux de Village
Qui suiuent vn chien foul tourmenté de la rage,
Quand l'vn, epoind du bruit de ses voisins prochains,
Prend en hâste vne fourche, et l'autre entre ses mains
Vn vouge bien trenchant s'asseurant de defence,
Si l'animal cruel leur veut faire vne offence.
On voit leurs vers escrits partout aux cabarets ;
Farouches et gourmans, ils vont dans les forests
Apres vne debauche importuner les Muses,
Meslant en leurs discours mile choses confuses.
Ils seruent bien souuent aux Seigneurs de plaisants,
Vanteurs, iniurieux, iureurs et medisants.
D'ailleurs les courtisans les incitent sans cesse
A chanter leur amour de quelque grand' Princesse ;
Et leur derniere fin c'est de mourir batus,
Langoureux, verollez, dechirez, deuestus,
Dedans vn hospital, si leur fureur subite
Pour irriter quelqu'vn morts ne les precipite ;
Et ne reste rien d'eux que, contre les parois,
Les noms qu'ils egaloient aux noms des plus grands Rois.
Horace de son temps vouloit qu'en patience
On laissast de ces fols l'indiscrete science :
Et si quelqu'vn d'entre eux (tandis qu'il vomiroit

Mile vers que raui seul il admireroit,
Ainsi que l'oiseleur, trop ententif à prendre
Les oiseaux à qui sots les filez il veut tendre),
Tomboit dedans vn puis, ou dans vn creux profond,
Bien qu'il criast d'embas longuement contremont :
« Amis, secourez moy, mes voisins, ie vous prie, »
Il dit qu'il ne faut pas à son secours aller,
Ni pour le retirer la corde deualler.
Que sçait il si ce fol de fait apens luy mesme
S'est point allé ietter en ce peril extresme,
Et s'il veut glorieux qu'on l'aille secourir?
Il conte, à ce propos, qu'ainsi vouloit mourir
Vn Poëte en Sicile : Empedocle, pour estre
Estimé comme vn Dieu, qu'on a veu disparestre,
Secret s'alla ietter dans Mongibel ardant.
Qu'il soit loisible donc à ces fouls, cependant
Qu'ils seront en humeur de mourir ou de viure,
Ainsi comme ils voudront, pour Empedocle suiure.
Qui sauue ces gens là, s'oposant à leur mort,
Il s'opose à leur gloire et leur defend le port,
Les gardant de passer l'onde non renageable:
Ils tiennent ce bien là facheux et dommageable.
Aussi bien d'autrefois d'vn esprit resolu,
Ils voudront derechef cela qu'ils ont voulu,
Desireux d'acquerir vne gloire nouuelle
Par ce mourir fameux, qui les tient en ceruelle.
Mais courtois de ces fouls il faut auoir pitié,

Les garder, secourir d'vne douce amitié,
Et prier le grand Dieu que leur ame agitee
Du Demon tourmenteux ne soit plus tourmentee.
Comme vn Alambiqueur tire des mineraux
L'esprit, la quintessence et vertu des metaux,
Fait des eaux de parfum, des huiles salutaires,
Et sçait bien allier maintes choses contraires :
Tandis souuentefois de faux coin, faux alloy,
Il frape monnoyeur sur la face du Roy :
Tout ainsi maint Poëte ayant à gorge pleine
Beu de l'onde sacree à la docte Neuuaine,
Fera mile beaux vers : Mais souuent orgueilleux
Il meslera des traits mutins et perilleux,
Et souuent contre Dieu superbe il outrepasse
Par folle opinion les loix du Saint-Parnasse;
Et puis il deuient fol, car Dieu le veut punir
D'auoir aux Saints Edits voulu contreuenir.
Et deslors plein de gloire et de sotte vantance,
Il sera le vangeur de son outrecuidance;
Et si n'aparoist point pourquoy, si furieux,
Il veut hausser au Ciel son vers ambitieux,
Ni quelle est la raison de sa fureur si grande,
Ni quel vice mutin sur son ame commande;
Ou s'il a le tombeau de son pere brouillé
Ou si dedans son sang son sang il a souillé,
Polu les saints autels, et que par penitence
Il luy fust de besoin de punir cette offence.

Il est pourtant tousiours incensé caqueteur,
De ses vers à chacun importun reciteur,
Comme l'Ours irrité ; si de sa caue il ose
Defaire les barreaus, rompre la porte close,
Loin il chasse tous ceux qui marchent deuant luy.
L'ignorant et le docte, ainsi craignants l'ennuy,
S'enfuiront autrepart. Si quelqu'vn il arreste,
De ses vers iargonnant il luy rompra la teste :
Car comme la Sangsue ayant trouué la chair,
Il s'emplira de sang, auant que la lacher.

La fureur de ces fols, l'erreur des Poëtastres
Suiuis malencontreux de quintes, de desastres,
Le decouure bien tost ; et se decouure aussi
La passion de tous sous vn voile obscurci.
Car chacun va tousiours où le plaisir le tire :
L'vn souhaite Bacchus, l'autre Venus desire.
Homere a tant souuent fait les Dieux banqueter
Que d'aimer le bon-vin des Grecs se fist noter.
Car comme on vit iadis que le peintre Arelie
Decouuroit par ses traits sa lasciue folie,
En pourtrayant au vif, sous chacun sien pourtrait
Celles dont il avoit desia senti le trait,
Aux Temples ayant paint les Romaines deesses,
Par leur face on connut aisement ses maistresses.
Ainsi voit on souuent que beaucoup d'escriueurs
Descouurent leurs desirs, descouurant leurs labeurs,
Tant il est bien aisé de cotter la pensee

Qui leur ame retient aux vices enlassee.

Or, Sire, vous offrant souuent de mes escris,
Importun, ie craindrois de pecher mal apris
Encontre le public : voyant que vos espaules
Seules portent le fais des affaires des Gaules.
Toutefois puis qu'il plaist à vostre Maiesté
Que de moy fust escrit des vers quelque traité,
M'ayant tant honoré que daigné m'en escrire :
A vous, ô mon grand Roy, le Prince de bien dire
Et de toute vertu, qui d'esprit excellent
Retenez par douceur ce Siecle turbulent,
Ie presente cet Art des Regles recherchees,
Que sans art, la Nature aux hommes tient cachees :
Non pour vous enseigner (bien qu'en mesmes raisons
Horace ait autrefois enseigné les Pisons),
Mais afin que la Gaule, ainsi que vous sçauante,
De ses enseignemens à l'auenir se vante,
Et que tous ces esprits qui de mots entassez
D'vn ordre non suiui font des monceaus assez,
Se reglant, ne soient plus à ces Singes semblables
Qui, regardans bastir des maisons habitables,
Tenterent plusieurs fois, marmots et babouins,
Le mesme, mais en vain, n'ayant pas les engins
Propres à cet effet : et leur menagerie
Ne fut rien à la fin que toute Singerie.

Ie composay cet Art pour donner aux François,
Quand vous, Sire, quittant le parler Polonnois,

Voulutes reposant dessous le bel ombrage
De vos Lauriers gaignez, polir vostre langage,
Ouir parler des vers parmi le dous loisir
De ces Cloestres deuots où vous prenez plaisir :
Ayant aupres de vous, comme Auguste, vn Mecœne,
Ioyeuse qui, sçauant, des Virgiles vous mene,
Des Horaces, vn Vare, vn Desportes qui fait,
Composant nettement, cet Art quasi parfait.
Depuis vn chant plus haut i'entrepri tout celeste,
Alors que Mars, armé du dernier Manifeste,
Me rabaissa la voix. Ie demeuray soudain,
Comme dans la forest demeure vn petit Dain,
Qui voit vn Ours cruel au pied d'vne descente,
Ouurir les flans batans de sa mere innocente.
Il fuit par la brossaille, il fuit de bois en bois ;
Timide et defiant, il pense à chaque fois
Reuoir l'Ours qui sa mere et la France deuore :
Depuis ce iour tout tel ie suis poureux encore.
Ie viuoy cependant au riuage Olenois,
A Caen, où l'Ocean vient tous les iours deux fois ;
Là moy, de Vauquelin, content en ma Prouince,
Presidant, ie rendoy la Iustice du Prince.

FIN.

TABLE

—

FIN DE LA TABLE.

LIBRAIRIE POULET-MALASSIS, 97, rue Richelieu.
L'ÉCRIN DU BIBLIOPHILE, rue de Seine, 21.

COLLECTION ACH. GENTY.

In-16 ; tirée à 555 exemplaires ; titre rouge et noir.

Papier	vélin	1 f. 50 c.
—	raisin	2 »
—	vergé	2 50
—	de Chine	5 »

1re Série.

RIMES INÉDITES EN PATOIS PERCHERON, avec une introduction et des notes, par Ach. GENTY.

« ... Dans une Introduction, où les mots et les tournures de notre ancienne langue sont mis en regard des tournures et des mots de l'idiome percheron, M. Ach. Genty fait voir que le percheron a dû être, en quelque sorte, le *prélude* de la langue des XIIe, XIIIe et XIVe siècles, et qu'on doit le considérer comme étant réellement la *langue française primitive.....* » (*L'Ami des Livres*, août 1861).

CHANSONS SUR LA RÉGENCE ; trois chansons attribuées au Régent. Avec une Introduction sur le *rôle social* de la Régence et du règne de Louis XV, par Ach. GENTY.

LA FONTAINE DES AMOVREVX DE SCIENCE, composée par IEHAN DE LA FONTAINE, de Valenciennes, en la comté de Henault, POEME HERMETIQVE DV XVe SIECLE. Avec une Introduction et des notes, par Ach. GENTY.

LES OEVVRES POETIQVES DE NICOLAS ELLAIN, parisien, avec une Introduction, par Ach. GENTY.

L'ART POETIQVE DE IEAN VAVQVELIN, sieur de la Fresnaye. Introduction par Ach. GENTY. — Le portrait photographié de La Fresnaye est vendu séparément 1 fr. 25 c.

Cette première Série sera terminée par

LES OEVVRES POETIQVES FRANÇOISES DE IEAN ET LOVYS D'AVRAT. Introduction par Ach. GENTY.

Les Séries suivantes comprendront :

Les Satyres, Idillies, Foresteries, Poésies inédites, Sonnets, etc., de Iean Vauquelin de la Fresnaye ; le Catéchisme de G. Postel ; l'Horatie, de P. Aretin ; le Manuel du Diplomate, de Pecquet ; une traduction inédite de l'Imitation de N. S. J. C., par Ach. Genty ; les Poésies de Jean Passerat ; le Pater Noster de M. de Fortengueule, translaté du Chaldéen par le sieur de Grosbec, et commenté par Mme la marquise de Becpincé (piquante facétie du XVIIIe siècle) ; les Amours de J. A. de Baïf ; les Poésies d'Anne de Rohan, etc., etc.

—

AUTRES OUVRAGES

DE M. ACH. GENTY

Le **Muséum des Sciences et des Arts**, choix de traités sur les sciences physiques et leurs applications aux usages de la vie, par feu le docteur LARDNER, de la Société royale de Londres, etc. ; traduit et annoté par Ach. GENTY. 3 vol. in-8°, figures. (*Epuisé*).

Le **Oui des jeunes filles**, de MORATIN, traduit de l'espagnol et annoté par G.-A. MORTAGNE. In-8°, à 2 col.

Le **Plutus**, d'Aristophane. traduit et annoté par D.-A.-G. VERNEUIL, In-8°, à 2 col.

Le **Bourru bienfaisant**, de Goldoni, annoté par G. MOUTIERS. In-8°, à 2 col.

Les **Volontaires anglais**, coup-d'œil sur le peuple et l'oligarchie britannique, par Ach. GENTY. Paris, 1860. Broch. in-8°

Catalogue des Livres rares de M. Ach. Genty, ancien avocat à Mortagne *(Orne)*, ancien rédacteur du Feuilleton scientifique de la *Gazette de France*, etc. Paris, Techener, 1862; 1 vol. in-16 de 132 pages. — Introduction et notes.

» »	Papier	vélin (Titre noir)............	2 fr.
100 ex.	—	vélin fort (Titre rouge et noir).	4
100 ex.	—	vergé *Id*..........	5
10 ex.	—	chine *Id*..........	10

Ce Catalogue, rédigé par M. Ach. GENTY sur un plan qui lui a valu l'approbation des hommes *compétents*, sera prochainement suivi d'un ouvrage plus considérable :

LE GUIDE DU BIBLIOPHILE ET DE L'HOMME DE LETTRES

5 VOL. IN-8° DE 600 A 700 PAGES

Guider le Bibliophile dans le choix des éditions, et surtout procurer à l'homme d'étude le moyen d'embrasser, avec une *notable économie de temps*, ce qui s'est fait en chaque siècle et dans chaque branche des connaissances humaines, tel est le but que s'est proposé l'auteur.

Le prix de chaque volume sera de 10 fr.

Chaque volume sera illustré de figures sur acier et sur bois.

On peut dès maintenant *souscrire* aux Bureaux de l'*Ecrin du Bibliophile et de l'Amateur d'Autographes*, rue de Seine, 21. — Le prix des volumes ne sera remboursé qu'*après réception*.

L'ÉCRIN

DU

BIBLIOPHILE

ET DE

L'AMATEUR D'AUTOGRAPHES

REVUE SEMESTRIELLE ILLUSTRÉE.

—

2 VOL. IN-12, PAR AN ; 10 FR.

—

L'*Écrin* donnera, chaque semestre, un résumé de ce qui se se[...] passé, pendant ce laps de temps, dans le monde des Bibliophiles [...] des Autographiles français et étrangers.

Il reproduira les pièces les plus curieuses, les plus important[...] et les plus rares, ressortissant aux lettres, aux arts et aux science[...]

Il sera rédigé par les hommes les plus compétents de Paris, d[...] la province et de l'étranger.

L'*Écrin* formera, chaque année, deux volumes in-12, de 224 pages chacun. — Chaque volume sera illustré de figures sur bois et sur acier, de spécimens de reliure, de portraits, de *fac simile*, de reproductions photographiques, etc.

L'*Écrin* ne sera tiré qu'à 355 exemplaires et sur quatre papiers, savoir : 145 vélin (10 fr.) ; 120 raisin (12 fr.) ; 80 vergé (14 fr.) ; 10 chine (20 fr.) ; plus 1 sur peau de vélin.

On souscrit pour l'année entière. — Le montant de la souscription est versé en deux fois, *moitié* à la réception de chaque volume.

Il sera fait aux souscripteurs une remise de 10 p. % sur les volumes de la Collection.

Adresser souscriptions et communications à M. Ach. Genty, secrétaire de la Rédaction, rue de Seine, 21.

Les Bureaux sont ouverts de midi à six heures.

Sous presse :

LES ŒUVRES
FRANÇOISES ET PATOISES
DE
PIERRE GENTY

MARÉCHAL-FERRANT (1770-1821)

Avec notice biographique, Introduction, Notes et Traduction littérale, par son petit-fils ACH. GENTY.

1 VOL. IN-18, PORTRAIT.

Pour donner une idée de l'intérêt que ce petit volume doit offrir aux linguistes, nous en détacherons le morceau suivant. L'orthographe de l'auteur, qui diffère singulièrement de celle par nous adoptée dans les *Rimes* en patois percheron (1er vol. de la Collection), a été scrupuleusement respectée.

L'BAATAON AOU BAON GUIEU

I

Vlao lao Noai, mé Gas, qu'éproochain :
Sounj'ous ao bin néti voû poche ?
Cieutx qu'on fa tô n-ao leû prouchain
Tumbron mô n-aou pormiei coup d'cloche (1).
Faout reufleuchi : l'baon Guieu n-ée baon,
Ma ıreun foâ qu'i s'fout n-ein coulére,
Y n'acout pû né pér né mére ;
Rin n'pouion artai saon baâtaon.

II

C'baâtaon-lao, n-i n'ée pâ minchot.
Pu lon qu'd'Emeinquiér ao Mortaigne,
Quan n-i va, li, c'ée n-aou gailop,
(Mé Gas, faout pâ qu'çao vo seurpreigne),

(1) La tradition à laquelle ce vers fait allusion, est complétement perdue aujourd'hui. La voici telle que nous l'avons connue dans notre enfance. — A Noël, si l'on n'avait pas restitué ce qu'on avait dérobé dans l'année, on tombait mort ou gravement malade au premier coup de cloche par lequel s'ouvrait la fête. — Les sorciers souffraient épouvantablement aussi pendant la nuit de Noël et pendant les fêtes de Pâques.

Aon l'ao veu, meum dain nout cantaon.
Macleu n-ao cieutx sû qui n-i s'leuue !
Dedsû l's'aepoul's d'nout gran mér Euue
Aon vion co lé maerqu's dé c'baâtaon.

III

Y-ein n-ao trébin qui l'ont seintu ;
Quan n-i s'fon vaî, tou pertou traimbe ;
I caâssion, com ein vra féetu,
Lé rein ao l'ein, ao l'aout lé jaimbe.
Rin n'ié fson rin, mil-vintt-cin-naon !
J'euom si tréfo lao téet dure
Qu'euan d'no fâ chingi d'aellure,
L'baon Guieu bersillra saon baâtaon.

IV

J'îron pâ loein ; j'seintom bin çao ;
Ma lao Mo n'on rin qui m'aeffrâe.
Neun brin pu toû, neun brin pu tao,
Faout toujou s'cochi sou lao bâe.
J'm'ein fouttain, ma c'qui m'eimbéetion

D'fraincbi l'gran décimû passaige,

C'ée pâ l'baon Guieu (j'on atai saige),

Çao qu'ée d'vaî d'si prés saon baâtaon.

Le volume renferme, (en outre des poésies), des Eléments de grammaire percheronne et un Vocabulaire. — L'idiome percheron n'existant plus aujourd'hui que dans la mémoire de quelques lettrés indigènes, ces Eléments et ce Vocabulaire acquièrent une importance évidente.

www.ingramcontent.com/pod-product-compliance
Lightning Source LLC
Chambersburg PA
CBHW070351090426
42733CB00009B/1370
* 9 7 8 2 0 1 2 1 9 5 5 2 3 *